Clemens Sedmak
Das Gute leben

CLEMENS SEDMAK

Das Gute leben

Von der Freundschaft mit sich selbst

TYROLIA-VERLAG · INNSBRUCK-WIEN

Mitglied der Verlagsgruppe „engagement"

5. Auflage 2018
© 2015 Verlagsanstalt Tyrolia, Innsbruck
Umschlaggestaltung: stadthaus 38, Innsbruck
Layout und digitale Gestaltung: Tyrolia-Verlag, Innsbruck
Druck und Bindung: FINIDR, Tschechien
ISBN 978-3-7022-3468-3 *(gedrucktes Buch)*
ISBN 978-3-7022-3469-0 *(E-Book)*
E-Mail: buchverlag@tyrolia.at
Internet: www.tyrolia-verlag.at

INHALT

VORWORT

Gibt es Menschen, die sich selbst in einem Selbst-
gespräch siezen? Manchen wäre es fast zuzutrauen;
ob Queen Elizabeth im vertrauten „Du" mit sich
selbst umgeht, ist eine Spekulation wert.

„Freundschaft mit sich selbst" ist eine dauer-
hafte Herausforderung; es ist vielleicht nicht das
Schlechteste, höflich mit sich selbst umzugehen,
aber eine gewisse Vertrautheit kann wohl auch
nicht schaden. So wie andere Freundschaften auch
will die Freundschaft mit sich selbst gepflegt sein,
die Fähigkeit auch, sich selbst mit liebevollem Blick
zu begegnen, das Einzigartige des eigenen Lebens auch zu sehen – und gleichzeitig am eigenen
Wachstum ernsthaft interessiert zu sein und dieses
aufrichtig zu verfolgen.

Verwandte kann man sich nicht aussuchen,
heißt es; Freunde jedoch kann man wählen. Was
bedeutet das für die Freundschaft mit mir selbst?
Kann ich mir aussuchen, ob ich mit mir selbst
durchs Leben gehen will? Das vielleicht nicht – die

Vorstellung, dass ich eigentlich nie vor mir selbst flüchten kann, hat auch etwas Ernüchterndes –, aber ich kann doch entscheiden, wie ich mit mir umgehen möchte, wie ich also durch das Leben gehen will. Damit sind wir bei der Frage nach dem Guten im Leben.

Dieses Buch will über die Freundschaft mit sich selbst auf der Suche nach dem Guten im Leben nachdenken. Aristoteles hat drei Formen von Freundschaft unterschieden, wobei die höchste Form der Freundschaft diejenige ist, die sich durch die gemeinsame Ausrichtung auf das Gute auszeichnet. Ähnliches gilt wohl auch für die Freundschaft mit sich selbst – „Selbstführung" und „Arbeit an sich selbst" haben sinnvollerweise eine Richtung; diese Richtung ergibt sich aus dem Blick auf das, was gut ist.

Was bedeutet es, das Gute zu leben, das Gute mit Leben zu erfüllen? In Hilde Domins Gedicht *Tunnel* heißt es zum Schluss: „dies Wort: / ‚Fürchte dich nicht' / es blüht / hinter uns her."

Beide Gedanken sind mir in meinem Leben wichtig geworden: Keine Furcht zu haben; angstfrei durchs Leben zu gehen, nicht leichtsinnig und auch nicht sorglos, aber ohne den Druck quälender und diffuser Ängstlichkeit. Das ist ein gutes Leben.

Und: Der Gedanke, dass ein gutes Leben eines ist, von dem man sagen kann: „Es blüht hinter uns her." Ein gutes Leben lässt einen Menschen aufblühen und macht dadurch auch andere Blüten und Früchte möglich. Darüber will ich auf den folgenden Seiten nachdenken.

Danken möchte ich meiner Frau Maria für Anregungen, Ermutigungen und Korrekturen und Gottfried Kompatscher vom Tyrolia-Verlag für den Anstoß zu diesem Büchlein und die freundliche Begleitung.
     Ich möchte dieses Buch meinem sehr geschätzten Kollegen und lieben Freund, Professor Otto Neumaier, widmen. Otto ist ein tiefer Mensch, dem Tiefes widerverfahren ist. In einem wichtigen Sinn kann Tiefe nur erlitten werden. Ich glaube nicht an Tiefe ohne Tränen – nicht in der Liebe, nicht im Glauben, nicht im Denken. Für Otto Neumaier, einen Denker mit Tränen, gilt schon jetzt: Es blüht hinter ihm her.

Salzburg, im Frühjahr 2015

I

ISSA

Im Februar 2014 hielt ich in einer kleinen amerikanischen Stadt ein kleines Mädchen in den Armen – Issa Grace, damals acht Monate alt. Sie war mit Trisomie 18 auf die Welt gekommen, ein winzig kleines Geschöpf; ihre Verdauungsorgane hatten sich aufgrund der Krankheit nicht ausbilden können, sie konnte deswegen nie flach liegen, sondern musste unablässig, 24 Stunden am Tag, gehalten werden. Viele Menschen wechselten sich darin ab, das Baby zu halten. Issa starb am 24. März 2014.

Sean und Felicia, ihre Eltern, sowie die drei Geschwister Sophie, Lucy und Seamus schrieben in einem kleinen Nachruf: „Ihre Reise war kurz, aber ihr Leben war voll von Bedeutung und Sinn und hat uns alle in Weisen geprägt, die sich erst in ihrer Abwesenheit offenbaren werden." 290 Tage lang hatte Issa gelebt; sie war Anfang Juni 2013 auf die Welt gekommen und die Ärztinnen und Ärzte hatten ihr nur wenige Stunden gegeben. Sie überlebte den ersten Tag, dann den zweiten Tag, den ersten Monat, den zweiten Monat. Stets mussten Issas Eltern die Geschwister darauf vorbereiten, dass sie wohl nicht mehr den Sommer, das Ende des Sommers, Halloween, den Advent, Weihnachten, das Jahresende … erleben würde. Issa schwebte zwischen Leben und Tod, viele Stunden ihres Lebens. Jeder Tag konnte der letzte sein. Dass sie dann mehr als neun Monate gelebt hat, ist schier ein Wunder.

Issa zu halten war für mich eine ganz besondere Erfahrung: Sie atmete ein wenig mühsam, machte kleine Bewegungen, zeigte sich zerbrechlich und doch so stark, kämpferisch in ihrem Lebenswillen, vertrauensvoll und ausgeliefert. Als ich Issa hielt, ging etwas in mir vor, die Erfahrung machte etwas mit mir, das schwer zu beschreiben ist. Es gibt die Phrase „Etwas bringt das Beste aus dir heraus"; etwas in dieser Art geschah in diesem Moment und für diesen Moment. Empfindungen von Schutzwillen und Ehrfurcht stiegen in mir auf; ich hatte das Gefühl, etwas in sich Bedeutungsvolles zu tun, etwas zu machen, das keine großen Begründungen und Erklärungen verlangte: Issa halten. So gesehen war nicht klar: Wer hält wen?

Hält das Starke das Schwache oder hält das Schwache das Starke? Im März 2015 durfte ich einen Gottesdienst anlässlich des ersten Todestages von Issa mitfeiern und lernte eine Reihe von Menschen kennen, die Issa regelmäßig gehalten hatten. Sie alle waren erfüllt von dieser Erfahrung, einer in sich ruhenden und transformativen Erfahrung, die die Menschen verändert hat. Issa hatte tatsächlich eine Stärke, wie sie nur das Schwache kennt – die Stärke nämlich, Hartes und Unerbittliches zu erweichen, Unbarmherziges und Gnadenloses zu vermenschlichen, das Gute in einem Menschen freizulegen. In der Bibel, im Buch Ezechiel, gibt es diese berühmte Stelle, die in der Osternachtsliturgie verlesen wird: „Ich entferne das Herz aus Stein aus eurem Leib und gebe euch ein Herz von Fleisch" (Ezechiel 36,26).

Das beschreibt durchaus die Wirkung, die Issa auf Menschen ausübte. Sie hatte eine Macht, über die die Machthabenden dieser Welt nicht verfügen. Für mich war Issa eine Erinnerung daran, worum es im Leben eigentlich geht. Das scheinen große Worte zu sein – „worum es eigentlich geht"; damit möchte ich jedoch ausdrücken, dass ich nicht glaube, dass es im Leben darum geht, viel zu eilen und viel zu erreichen und viel zu leisten. „Es gibt nichts Gutes, außer man tut es", hatte Erich Kästner einmal geschrieben; es gilt aber auch: „Es gibt nichts Gutes, außer man lässt es zu" – und um das Gute zuzulassen, muss man dem Guten Raum geben, und das heißt auch: sich zurücknehmen.

Issa eröffnete Räume für das Gute; ihre Eltern hatten erfahren, was es bedeutet, ein Kind zu lieben, das man gleichzeitig halten und loslassen muss; man muss dem Kind Halt geben, Stabilität, Unterstützung – und das alles im Wissen, dass jeder Tag der letzte Tag sein könnte. „Wir kennen nicht den Tag und nicht die Stunde", sagte Felicia in Anspielung auf ein Wort Jesu im Matthäusevangelium (25,13) zu mir. Mit dieser Einstellung war Issas Familie gezwungen, im Augenblick zu leben, Tag für Tag, jeden Tag als besonderen Tag zu feiern.

„Issa bleibt ein Mysterium", sagten die Eltern, ihr Leben hat etwas Kraftvolles wie Unergründliches, „sie ist ein Geschenk". Immer wieder äußerte Felicia diesen Gedanken: Issa ist ein Mysterium, das wir nicht verstehen, sie ist ein Geschenk, schöner als alles, was sie sich je als Geschenk hätte vorstellen können oder träumen lassen. Ein Geschenk, das große Schmerzen verursacht: den Schmerz, Issa leiden zu sehen, den Schmerz, Issa nicht heilen zu können, den Schmerz, Issa zu verlieren; den Schmerz auch, Issas Geschwister leiden zu sehen. Sophie, Lucy und Seamus litten nicht nur mit ihrer Schwester mit, sie konnten auch weder in den

Sommerferien 2013, noch zu Thanksgiving, noch zu Weihnachten irgendwo hinfahren. „Das ist nicht fair!" – „Ja", sagten die Eltern, „es ist nicht fair, aber so ist es, wenn man einen Menschen liebt und Opfer bringen muss."

„Das ist nicht fair!" – dieser Satz kann auf vieles, was Issas Leben ausmacht, angewandt werden. Ihr ganzes Leben war nicht fair; es war nicht fair, dass sie mit Trisomie 18 auf die Welt kam, es war nicht fair, dass sie Schmerzen hatte, es war nicht fair, dass sie nie sprechen, lesen oder schreiben lernen konnte oder tanzen oder singen. Und doch hatte Issas Leben eine Tiefe, wie sie mit der Kategorie „Fairness" nicht vermessen werden kann. Hier sagt die Kategorie „Mysterium" mehr aus als die Kategorie „Gerechtigkeit".

Der Begriff der Fairness ist zu einem Schlüsselbegriff in modernen Gerechtigkeitstheorien geworden. Da heißt es, das gesellschaftliche Leben müsse so gestaltet werden, dass „faire Verhältnisse" herrschten. Das kann man sich vor allem mit Blick auf Fußball klar machen. „Fairplay" ist eine Abkürzung für gerechtes Gestalten. Ein Spiel ist fair, wenn weitgehend die gleichen Bedingungen für alle gelten und so etwas wie Chancengleichheit herrscht. Das Attribut „fair" kann als „frei von Verzerrungen" oder auch als „klar", „unbehindert" oder „moderat" übersetzt werden. „Fairness" hat insofern mit Unparteilichkeit zu tun, als zwei gegnerische Mannschaften dann auf faire Verhältnisse stoßen, wenn diese von einem unparteiischen Dritten bestimmt werden. Der Standard der Fairness setzt, um gediegen zu funktionieren, ein bestimmtes Maß an Gleichheit voraus. „Fairness" ist ein wichtiger Begriff in einem Wettkampfgeschehen, also dort, wo Konkurrenz herrscht, wo Menschen um das Gleiche wetteifern.

Fairness hat nicht nur mit expliziten Regeln, sondern auch mit ungeschriebenen Regeln und Einstellungen zu tun. Fußballfans in Österreich erinnern sich an den 26. August 2000, als Christian Mayrleb im Dress von Austria Wien im Bregenzer Casinostadion ein Tor erzielte, das ungeschriebene Fairplay-Regeln und den fußballerischen Ehrenkodex verletzte: Er missachtete die Idee, dass der Ball nach der Behandlung eines verletzten Spielers wieder an jene Elf zurückgegeben wird, die den Ball ins Out geschossen hatte, um die Spielunterbrechung zu ermöglichen. Zur Verblüffung auch der eigenen Mannschaft schnappte sich Mayrleb den Ball und beförderte ihn ins gegnerische Tor, anstatt ihn galant an Bregenz abzugeben. Der damalige Austria-Wien-Präsident war dermaßen ob dieser Verletzung von Fairness-Standards aufgebracht, dass das Spiel neu ausgetragen wurde.

„Fairness" ist ein gewichtiger Begriff, ein hoher Wert. Es verwundert nicht, dass „Gerechtigkeit als Fairness" ein beliebter Gedanke ist. Fairness ist ein verständliches und gut begründbares Anliegen, aber Issas Leben spricht eine andere Sprache, muss in einer anderen Sprache gefasst werden, erzählt von Dimensionen, die mit dem Begriff „Fairness" nicht ausgelotet werden können. Hier stoßen wir an eine Grenze, ähnlich der Grenze, die der berühmte Theologe Gustavo Gutiérrez in seinem Werk *Von Gott sprechen in Unrecht und Leid* über das biblische Buch Hiob beschrieben hat: Hiob ringt mit Gott und findet sich unfair behandelt, erhält aber keine Antworten auf seine Frage und sein Ringen um Gerechtigkeit. Hiob muss, so Gutiérrez in seiner Deutung, eine neue Sprache lernen, die Sprache des „Mysteriums", die anerkennt, dass es Dimensionen gibt, die nicht mit Begriffen wie „Fairness" oder „Gerechtigkeit" vermessen werden können (ähnlich verhält es sich mit dem berühmten Gleichnis der Arbeiter im Weinberg [Matthäusevangelium 20,1–16], die alle „unfairerweise" denselben Lohn erhalten, obwohl sie unterschiedlich lang gearbeitet haben). Issa war ein Mysterium und lehrte etwas über das Mysterium des Lebens.

Issas Leben schenkte den Eltern die, wie diese es beschrieben, „demutgebende Erfahrung, auf andere angewiesen zu sein"; die Familie hätte nicht leben können ohne Dutzende Menschen, die gekocht und geputzt, eingekauft und gewaschen haben, die sich darin abgewechselt haben, das Baby zu halten oder auf Issas Geschwister aufzupassen, wenn wieder ein Krankenhaustermin anstand. Mit „guten Argumenten" hat das, was Issas Leben ausmachte und verlangte, wenig zu tun. Die Menschen packten an, ohne durch Argumente überzeugt zu werden. Auch das ist eine Dimension des Mysteriums. Wenn man versucht hätte, Issas Leben mit Argumenten zu erkunden, wäre man vielleicht zum Schluss gekommen, dass sich der Aufwand nicht rechtfertigen lasse. Hier zeigt sich dann nicht der bekannte zwanglose Zwang des besseren Arguments, sondern eine Lebenshaltung.

Der englische Theologe Rowan Williams hatte in einem einflussreichen Aufsatz auf zwei Arten von moralischen Entscheidungen aufmerksam gemacht: Nach einer weit verbreiteten ersten Art geht es darum, Optionen aufzulisten und Argumente

zu sammeln: Was gibt es für Handlungsmöglich-
keiten, was spricht dafür, was spricht dagegen? Das
ist vernünftig und wird bei vielen Entscheidungen,
etwa in Politik und Wirtschaft, so gehandhabt.
Daneben gibt es aber noch eine zweite Art, Entscheidungen zu treffen: Man kann nicht anders.
Berühmt geworden sind die Worte, die Martin
Luther zugeschrieben wurden: „Hier stehe ich, ich
kann nicht anders." Das ist keine Frage der Optionen; ein Mensch findet sich manchmal in Situationen, in denen er nicht zwischen Optionen wählen
kann, will er sich selbst treu sein. Dieser zweiten
Art der Entscheidungsfindung begegnen wir im
Falle von Issas Leben: Ihre Eltern haben nicht Optionen abgewogen (sollen wir das Kind auf die Welt
bringen oder nicht, sollen wir das Kind versorgen
oder nicht?); die Eltern haben getan, was sie tun
mussten; sie konnten nicht anders. Das war keine
Frage von Argumenten und Handlungsoptionen,
sondern eine Frage des schlichten: Das verlangt das
Leben jetzt von uns. Diese Frage rührt mehr an das
Mysterium des Menschseins als an die Kraft der
Argumente.

Ja, und dann ging es zu Ende. In der Nacht des
24. März 2014 wurde Issas Atmen langsamer und
schwächer. Sean und Felicia weckten ihre anderen

drei Kinder und sie versammelten sich im Schlafzimmer. Kurz darauf starb Issa, in den Armen ihrer
Schwester Sophie.

Issa zu halten war etwas ganz Besonderes; Issas
Leben war etwas ganz Besonderes. In ihrer Todes-
anzeige hieß es: „Sie hat uns geführt und gelehrt.“
Issa war Lehrerin über das Eigentliche des Lebens.
In diesem Sinne kann man die Ansprache von Papst
Johannes Paul II. am 11. September 1983 im „Haus
der Barmherzigkeit“ in Wien verstehen, wenn der
Papst – zwei Jahre zuvor selbst schwer verletzt und
Patient – zu den Bewohnern und Bewohnerinnen
sagte: „Die Krankenzimmer dienen einem Volk
nicht weniger als die Klassenzimmer und die Hör-
säle.“ Issa, immer wieder im Krankenhaus, immer
wieder in ihrem Wohnzimmer, das zum Krankenzimmer wurde, lehrte alle, die mit ihr in Berührung
kamen.

Diese Kraft des Schwachen, dieses Lehren durch
das Verletzliche, ist eine Erfahrung, die sich immer wieder beobachten lässt. Rachel Adams, eine
Professorin der New Yorker Columbia-Universität,
beschreibt, wie sie durch ihren Sohn Henry, der
mit Trisomie 21 (Down-Syndrom) geboren wurde,
verändert wurde. Hier trat ein Wesen in ihr Leben,
das nicht in allem, wie sie es gewohnt war, mit intel-

lektuellen Werkzeugen kontrolliert werden konnte, ein Kind, dem Kategorien wie „Leistung" oder „Erfolg" nicht das bedeuteten, was die Gesellschaft zu vermitteln trachtete. Durch Henry eröffneten sich Wachstumschancen im Leben von Frau Professor Adams, Wachstumschancen, die man weniger in den Klassenzimmern und Hörsälen vorfindet.

Diese Wachstumschancen sind nicht nur willkommene Gäste. Auch das Gute, das Issa in die Welt brachte, ist bedroht. Dies hatten Martha und John Beck erfahren: Sie schrieben beide ihre Doktorarbeit an der Eliteuniversität Harvard. Als Martha mit ihrem Sohn Adam schwanger wurde und ihm Trisomie 21 diagnostiziert wurde, war die einhellige Reaktion des Universitätsumfeldes: „Wo ist das Problem?" Der Doktorvater kündigte sogar seine Zusammenarbeit für den Fall auf, dass Adam geboren werden sollte, weil die Geburt eines Kindes mit Trisomie 21 ein klares Votum gegen Wissenschaft und Karriere darstellen würde und er nicht seine Zeit mit derlei halbherzigen Studierenden verschwenden wolle … Er sagte: „Ich will ganz offen sein: Sie müssen mit Ihrer Dissertation weitermachen; das sollte Ihr einziger Fokus sein – und nicht die Sorge um ein defektes Kind, das nicht einmal geboren werden muss."

Wenn Menschen mit großer Bewunderung von Harvard sprechen, das in der Regel die Universitätsranglisten der Welt anführt, muss ich meistens an Adam Beck denken und daran, dass Kategorien wie „Karriere" oder „Fairness" in eine Richtung weisen, die von Adam (und auch Henry und auch Issa) wegführen. Martha Beck beschreibt eine Erfahrung mit ihrem drei Jahre alten Sohn Adam, die auch nicht mit diesen Kategorien vermessen werden kann: Sie hatte einen anstrengenden und frustrierenden Tag mit einer wieder einmal erfolglosen Sprachtherapie mit Adam hinter sich; sie brachte ihre aufgeweckten Kinder müde und deprimiert in ein Geschäft, damit sie sich etwas aussuchen konnten, nur damit sie still sind. Ihre Tochter nahm Süßigkeiten, Adam wählte aus einem Korb mit Rosen eine Rose. „Bist du sicher, dass du das willst?", fragte sie ihn, „es ist nichts Süßes, nichts zum Essen." Adam nickte und beharrte auf der Rose. Am nächsten Morgen erwachte Martha und hörte die kleinen Füße Adams den Gang zu ihrem Schlafzimmer entlang gehen. Er hatte eine Vase in der Hand, in die er die Rose gegeben hatte. Martha war erstaunt, sie hatte nicht gedacht, dass Adam einen Begriff von Vasen hatte, wozu sie eigentlich dienten. Adam kam zu ihrem Bett und reichte ihr die Rose in der Vase. „Hier", sagte er laut und deutlich.

Ich möchte in diesem schmalen Buch über das Gute nachdenken, darüber, worum es im Leben eigentlich geht. Issa Grace wird uns dabei begleiten.

2
SICH DEM LEBEN STELLEN

Nun, worum geht es im Leben eigentlich? Was macht das Gute im Leben aus?

Ich möchte einen Schritt zurücktreten und zunächst die Frage stellen: Was ist es, das Leben? Das Leben ist ein zeitlicher Abschnitt, der einen Anfang und ein Ende hat; gleichzeitig ist das Leben aber etwas, das ein Lebewesen „hat". Wenn wir das Leben verlieren, verlieren wir „den Atem", verlieren wir die Kraft, die Welt zu verändern. Im jüdischen Schöpfungsbericht bläst Gott dem Menschen den Lebensatem ein (Genesis 2,7), der auferstandene Jesus haucht die Jünger an und lässt sie den Heiligen Geist empfangen (Johannesevangelium 20,22). Leben ist Atem, zeigt sich auch im Bild des „Windes, der weht, wo er will". Leben ist Gestaltungsmacht und auch die Macht, Widerstand zu leisten. Der berühmte englische Schriftsteller C. S. Lewis hatte den Verlust seiner geliebten Frau vor allem als Verlust von Widerstand erfahren, Leben ist Kraft zum Widerstand. Sich dem Leben zu stellen bedeutet denn auch, mit Widrigem umzugehen.

Einen eigentümlichen Zugang zum Leben hat George Perec, ein französischer Autor (1936–1982), 1978 in seinem monumentalen Werk *Leben. Eine Gebrauchsanweisung* geboten: Er hatte eine fiktive Pariser Adresse (Rue Simon-Crubellier 11) gewählt und das Haus mit seinen (99) Räumen auf zehn Etagen und zahlreichen Bewohnern in 99 Kapiteln beschrieben. Das geschieht in Form von „Romanen", wie der Untertitel des Buches nahelegt. Perec erzählt Hunderte Geschichten, spielt mit Zitaten und Anspielungen; er war ein Sprachkünstler, der es auch einmal geschafft hatte, einen 320 Seiten starken Roman (*La Disparition*) in französischer Sprache zu schreiben, ohne ein einziges Mal den Buchstaben „e" zu verwenden. Ja, was ist das Leben? Perec lässt uns viel von den Gesichtern und Geschichten der Bewohnerinnen und Bewohner dieses Hauses erfahren; scheinbar Unverbindbares bündelt sich in diesem großen Haus. Die Handlung selbst dauert nur wenige Minuten, ein roter Faden lässt sich nicht erkennen, auch wenn die Struktur mathematisch genau geplant ist. Den geheimen Mittelpunkt bildet freilich die Kunst des Puzzles:

Der wohlhabende Engländer Bartlebooth hatte sich einen 50 Jahre überblickenden Lebensplan zurecht gelegt; zehn Jahre wollte er Aquarellmalerei studieren, danach zwanzig Jahre lang eine Weltreise machen, bei der er 500 Hafenansichten malen wollte, die auf aufwändige Weise von einem sorgsam ausgewählten Mann zu komplizierten Puzzles verarbeitet wurden. Dazu hatte Bartlebooth eigens 500 völlig gleiche Schachteln aus schwarzem Karton bestellt. Zwanzig Jahre lang sollten diese Puzzles dann von Bartlebooth selbst zusammengefügt und in den Zustand der ursprünglichen Aquarelle zurückversetzt werden, wobei jedes Aquarell mit ausgeklügelter Logistik dann schließlich genau 20 Jahre nach seiner Entstehung bei seinem Entstehungshafen ins Wasser getaucht und ausgelöscht werden sollte. Zurückbleiben sollte nur das kaum von Spuren gezeichnete Papier. Das war der Plan, der Masterplan. Er ließ sich jedoch nicht restlos verwirklichen, weil Bartlebooths Sehkraft nachließ und die Puzzles zudem immer komplizierter geworden waren. So konnte Bartlebooth die Puzzles nicht einfach nach Plan zusammensetzen; er starb bei der Vollendung des 439. Puzzles und war zu diesem Zeitpunkt bereits 16 Monate im Rückstand gegenüber dem aufgestellten Lebensplan.

Kann man nun sagen: Das Leben hat gewonnen, weil es sich nicht in einer Rechnung darstellen lässt, die so glatt aufgeht, dass kein Rest bleibt!? In der philosophischen Literatur findet man den Begriff des „Lebensplans". Ein Lebensplan umfasst langfristige Vorhaben und auch so etwas wie „Herangehensweisen an das Leben", Lebensstrategien. Dadurch sollen Wünsche und Anstrengungen in eine („autobiographische") Ordnung eingebettet werden. Der amerikanische Philosoph John Rawls hatte es sogar als Zeichen eines vernünftigen Menschen angesehen, einen Lebensplan aufzustellen, der es ihm ermöglichen würde, Fähigkeiten zu kultivieren und Ziele zu erreichen. Ein gutes Leben, so Rawls, besteht durchaus auch in der erfolgreichen Ausführung eines vernünftigen Lebensplans. War Bartlebooths Lebensplan vernünftig? Er hatte jedenfalls eine Fähigkeit (das Aquarellmalen) zehn Jahre lang gefördert, diese Fähigkeit dann konsequent und in einem breiten geographischen Spektrum umgesetzt, dann noch zur Ausübung weiterer Fähigkeiten („Puzzlefähigkeiten": Ausdauer, Geduld, Kombinationsfähigkeit, Beobachtungsgabe) genutzt und das Ganze in einen Rahmen eingebettet, der an ein buddhistisches Kunstwerk erinnert, das unter großem

Aufwand errichtet wird, um dann ausgelöscht zu werden.

Aber Perec gibt zumindest den Hinweis, dass sich das Leben nicht restlos in Form eines perfekten Planes leben lässt – es ist ohnehin erstaunlich, dass Bartlebooth so lange durchgehalten hat. Denn tatsächlich: Gesundheitliche Probleme stellen sich ein, Menschen verlieben sich, Menschen machen Krisen durch, Aufgebautes zerfällt vor der Zeit, Angefangenes wird nicht (rechtzeitig) fertiggestellt, geliebte Menschen gehen aus dem Leben, Menschen machen Fehler, scheitern, erleben Erfolg, der wieder zerfällt. Issa Grace hat das Leben ihrer Familie durchgeschüttelt; hätten Martha und John Beck an ihrem Lebensplan festgehalten, so wäre Adam Beck nie geboren worden. Das Leben überrascht immer wieder jenseits des Planbaren; hier zeigen sich Brüche und Risse, aber auch Brücken und unerwartetes Festland. Das ist das Leben. „Nur beschreiben kann man hier und sagen: So ist das menschliche Leben", hatte der österreichische Denker Ludwig Wittgenstein mit Blick auf Vielfalt und Fülle notiert.

Das Leben lässt sich nicht berechnen – es kann von einer Taube, die auf einmal vor der Zimmertür steht, aus allen Fugen geraten (so beschrieben in Patrick Süskinds Novelle *Die Taube).* Man könnte sich ein diktatorisches Regime vorstellen, das am Tag des Schulabschlusses Lebenspläne verlost oder zuteilt. Jedes Kind bekommt einen Studienplatz oder einen Beruf, vielleicht auch ein Hochzeitsdatum und den Namen von Braut oder Bräutigam zugewiesen. Im Falle von vorgezeichneten Berufswegen („Du übernimmst das Geschäft", „du erlernst das Handwerk des Vaters") oder im Fall von arrangierten Ehen ist es wohl nicht selten so zugegangen. Aber selbst diese arrangierten Eckdaten nehmen nicht das Leben vorweg. Die angesprochene Taube kann alles durcheinander bringen oder die Erfahrung von Verliebtheit oder eine Inspiration. Der Philosoph Peter Bieri hat unter dem Pseudonym Pascal Mercier den Roman *Nachtzug nach Lissabon* geschrieben, in dem er einen altgedienten, mehr als drei Jahrzehnte tätigen Lehrer für Latein und Griechisch, Raimund Gregorius, eines Tages aus der Routine seines Lebens aussteigen lässt; Gregorius reist nach Lissabon, mit dem widersinnigen Wunsch, wie er notiert, „in der Zeit hinter mich selbst zurückzureisen"; er steigt aus seinem Leben aus und tritt in ein ganz anderes Leben ein, ein „Lebensplan" hat sich aufgelöst, ist verdunstet.

Der Begriff „Lebensplan" bleibt ein Begriff mit kurzen Beinchen. Kann man sagen: Selbst wenn Bartlebooths Plan in Perecs Roman aufgegangen wäre, hätte das Leben gewonnen, da sich doch die Fülle des Lebens auch im Spurenlosen zeigen könne? Perec hat sich stets für das Gewöhnliche, das Offensichtliche interessiert, hat es vermocht, das Tiefe und Besondere im Unauffälligen zu sehen. Das Leben eines jeden Menschen, jede Begegnung im Leben eines Menschen, kann mit besonderer Tiefe gefüllt werden. Jedes menschliche Leben hat Tiefe; jede Begegnung kann Tiefe haben. Raymond Queneau, ein Zeitgenosse und Schriftstellerkollege Perecs, hatte einmal in seinen *Stilübungen* einen nicht weiter aufregenden kleinen Vorfall in einem Pariser Omnibus in 99 Stilvariationen beschrieben, aus unterschiedlichen Perspektiven, mit unterschiedlichen Stilmitteln, als Erzählung, als Brief, als Traum, als Vorhersage, metaphorisch. So bekommt der triviale Vorgang Gewicht. Das ist eine Übung, die sich bei bestimmten Erfahrungen lohnt. Der polnische Kinderarzt und Waisenhausleiter Janusz Korczak hatte einmal gesagt, dass es sich lohnen würde, über bestimmte Begebenheiten gründlich nachzudenken, wenn man ein Kind verstehen wolle. Warum hat das Kind in der Situation so reagiert, warum hat es gesagt, was es gesagt hat? Ein Blick auf Details macht sich bezahlt. Es ist nicht verwunderlich, dass Janusz Korczak den französischen Insektenforscher Fabre, der für seine phänomenale Beobachtungsgabe bekannt war, besonders geschätzt hatte. Kleine Begebenheiten verraten viel: „Ein guter Erzieher weiß, daß es sich lohnt, auch über winzige Episoden nachzudenken; es sind Probleme in ihnen verborgen." Dann ist eine Bemerkung wie ein Puzzleteil in einem viel größeren Spiel.

Perec verwendet das Bild des Puzzles für das Leben; ist dies ein treffendes Sinnbild? Die eigene Persönlichkeit wird durch alles, was das Leben ausmacht, geformt; durch die an einem Krankenbett durchwachte Nacht, durch den Wutausbruch, den man später bereut, durch die erste zärtliche Berührung, durch den Aufbruch zu einer Reise, durch gravierenden Zahnschmerz, durch die Rückkehr von einer Expedition, durch die Erfahrung von Trauer aufgrund von Verlust.

All das macht das Leben aus. Dabei folgt das menschliche Leben bestimmten Gesetzmäßigkeiten und weist bestimmte Grundeigenschaften auf. Ich möchte sechs solcher Grundeigenschaften des Lebens aufzählen.

unbegonnen

Mein Leben ist unbegonnen; das heißt nicht, dass es nicht einen Anfang gegeben hätte, mithin auch ein Moment der Empfängnis und eine Geburtsstunde. Dennoch beginnt mein Leben nicht mit mir, ich bin nicht Anfang meines Lebens; am Beginn meines Lebens stehen Andere, steht Anderes. Was bedeutet das, dass der Anfang meines Lebens nicht in mir liegt? Diese Frage ist verwandt mit der Frage: Was bedeutet es, „Geschöpf" zu sein? Ein nicht aus Eigenem begonnenes Leben zu haben heißt, dass mein Leben Teil von etwas ist, was über dieses Leben hinausgeht; ich könnte ohne diese Ordnung, die über mich hinausgeht, gar nicht sein. Das kann auch bedeuten, dass das Fundament des Lebens nicht „erleistet" wurde, sondern „geschenkt". Damit hängt auch das Bild zusammen, dass das Leben ein „Geschenk", eine „Gabe" ist; als Gabe verlangt das Leben als Grundantwort die Dankbarkeit, die Einsicht, dass es nicht selbstverständlich ist, zu leben, ein Leben zu haben, am Leben zu sein.

einzigartig

„Jeder Mensch ist einzigartig." Diesen Satz habe ich schon oft gehört und gelesen, wohl auch gesagt und geschrieben. Aber was heißt das? Es bedeutet doch, dass jeder Mensch auch auf je eigene Weise angesehen und beurteilt werden möchte – ich muss für jeden Menschen, wenn ich ihn ansehe, einen eigenen „Blick" finden, eine eigene „Sprache". Natürlich verwenden wir allgemeine Begriffe wie „gutmütig" oder „geduldig" oder „unbarmherzig" und ohne diese Begriffe kommen wir auch nicht aus. Aber die Gutmütigkeit meines Schwagers Josef ist eine andere als die Gutmütigkeit meines jüngsten Sohnes Jonathan.

„Jeder Mensch ist einzigartig": Das heißt auch, dass das, was ein Mensch in die Welt bringen kann und bringt, das, was ein Mensch in Beziehungen und Begegnungen hineintragen kann, in dieser Form nur diesem einen Menschen möglich ist. So gesehen ist jeder Mensch ein Neuanfang von Geschichte und Welt. Für diesen Umstand hat die deutsche Philosophin Hannah Arendt den Begriff „Natalität" geprägt, „Gebürtlichkeit", was ausdrücken soll: Mit jedem Menschen beginnt etwas Neues, fängt eine neue Geschichte an. Diese Einsicht hat auch etwas Befreiendes, weil es dann nicht mehr der „Vergleich" ist, der das entscheidende Werkzeug der Lebensvermessung darstellt, sondern die Erkundung der Einzigartigkeit.

Anders gesagt: Immanuel Kant hatte seine Ethik

auf der Idee der Verallgemeinerbarkeit aufgebaut. „Was wäre, wenn das alle täten?", ist eine Kernbotschaft des Kategorischen Imperativs Kants. Damit sind das Anliegen eines überpersönlichen Standpunktes und die Hervorhebung allgemeiner Grundsätze verbunden. Die ethische Schlüsselfrage kann aber auch ganz anders lauten, nämlich: Was bliebe ungetan, wenn ich es nicht anpacke? Was würde nicht geschehen, wenn ich es nicht lebe? Ein Lebensauftrag kann auch darin bestehen, dieser Frage nachzugehen. Damit ist ein „je persönlicher Standpunkt", das Bekenntnis zu Nichtaustauschbarkeit und Einzigartigkeit, gemeint.

Ich kann mich an eine Szene im Wohnzimmer meiner Schwiegermutter erinnern: Anlässlich der Weihnachtsfeier waren alle fünf Kinder und die siebzehn Enkelkinder meiner Schwiegermutter versammelt – ich sah sie an, wie sie mitten im nervenaufreibenden Getöse saß, und sagte zu ihr: „Du weißt schon, all diese Menschen gäbe es nicht ohne dich!" Dieser Gedanke hat, wenn man ihn im rechten Licht betrachtet, etwas Feierliches, etwas Heiliges.

Der Gedanke der Einzigartigkeit hat auch mit dem Begriff der persönlichen Lebensaufgabe zu tun. John Henry Newman hatte diesen Gedanken am 7. März 1848 in einer Meditation so formuliert: „Gott hat mich geschaffen, um einen ganz bestimmten Dienst zu leisten; er hat mir eine Arbeit zugedacht, die er niemandem sonst zugedacht hat. Ich habe meine Mission – ich mag sie vielleicht nie in diesem Leben kennen" – wenn ich ein Bild der Menschheit habe, das davon ausgeht, dass jeder Mensch einen einzigartigen und unverzichtbaren Dienst tun darf, stellt sich so etwas wie Ehrfurcht vor jedem einzelnen Leben ein. Ja, Issa hat eine ganz bestimmte Aufgabe in ihrem kurzen Leben gehabt, einen ganz besonderen Dienst verrichtet. So lautet eine Kernfrage also: Was bleibt ungelebt, wenn ich es nicht lebe?

undurchmessbar
Mit der Einzigartigkeit des menschlichen Lebens verbunden – aber doch auch unabhängig von ihr – ist der Reichtum des Lebens. Ein menschliches Leben ist reich – es ist erstaunlich, was im Haus eines Lebens Platz finden kann, welche Sätze sich im Buch des Lebens finden, welche Erfahrungen das Gedächtnis bewahrt. Der Reichtum und die Tiefe, die Unausschöpfbarkeit des menschlichen Lebens. „Unausschöpfbarkeit" ist mit der Einzigartigkeit verbunden: „Individuum est ineffabile", heißt es in der mittelalterlichen Theologie, „das Einzelwesen

ist unausschöpfbar", man kann nicht alles, was ein Einzelwesen ausmacht, aufzählen und analysieren, denn während man noch analysiert, verändert sich das Wesen.

Es ist erstaunlich, was alles in ein langes Leben passt. Die achtundachtzigjährige Engländerin Una Kroll, um ein Beispiel zu nennen, hat in ihrer Autobiographie *Bread Not Stones* die Geschichte ihres ungewöhnlichen und auch ungewöhnlich ereignisreichen Lebens erzählt: Sie wurde nach einer bewegten Kindheit, die sie in viele Länder führte, Ärztin; dann trat sie gegen den Widerstand ihres Bekanntenkreises einem anglikanischen Orden bei und wurde nach dem Noviziat als medizinische Missionarin ins afrikanische Liberia geschickt. Die Arbeit wurde ihr als Frau wie auch durch die traditionelle Behandlungskultur erschwert; ein hochrangiger Priester und Ordensvertreter, Leopold Kroll, wurde als Vermittler eingesetzt – Una und der um einige Jahre ältere Leopold heirateten und zogen sich den Zorn der Anglikanischen Kirche zu. Leopold Kroll sollte bis zu seinem Tod im Jahr 1987 nie wieder angemessene Arbeit finden. So wurde Una, bald Mutter von vier Kindern, zur Ernährerin der Familie. Sie wurde zu einer der ersten Priesterinnen der Kirche von Wales geweiht, engagierte sich als feministische

Aktivistin, was sie immer wieder in Konflikt mit der Kirche brachte. Nach dem Tod ihres Mannes und einer schweren Krise verbrachte sie Jahre in der Einsamkeit und konvertierte schließlich zum Katholizismus; heute lebt sie ein kontemplatives Leben. All das hat Platz in einem einzigen menschlichen Leben. Das ist doch wirklich erstaunlich! Una Kroll beschreibt die prägenden Erfahrungen, die Schlüsselmomente, in denen Weichen gestellt werden, „dislocating experiences", ihres Lebens, das sich aber dennoch einer letzten Betrachtung entzieht, „flüchtig" bleibt, undurchmessbar. Das Leben kann nicht unter ein endgültiges menschliches Urteil gestellt werden.

Es steht uns auch nicht zu, eine abschließende Beurteilung über ein menschliches Leben zu sprechen. Das wird etwa an John Williams' posthum erfolgreichem Roman *Stoner* deutlich, in dem er das Leben des William Stoner, Sohn von armen Bauern, beschreibt: Stoner wird Dozent für englische Literatur an der Universität, entfremdet sich seinen Eltern, geht eine unglückliche Ehe ein und führt ein unscheinbares und mäßig erfolgreiches akademisches Leben. Er erkennt sich als mittelmäßig, erkrankt an einem Tumor, kann aber sagen, dass er sich stets treu geblieben ist. War Stoners Leben ein

Erfolg oder ein Misserfolg? Ist Stoner gescheitert? Wieder greifen die Kategorien zu kurz; das Leben ist undurchmessbar, es entzieht sich endgültigen Maßstäben, die wir Menschen herantragen könnten. Auch das Leben von Issa Grace, auch wenn es nur neun Monate währte, kann nicht ermessen werden; nicht nur, weil Issa und ihr Leben ein Mysterium sind, sondern auch, weil dieses Leben nicht aufhört, Wellen zu schlagen.

bluterfüllt

Ein Merkmal des Lebens ist das Blut. Wenn das Blut zu fließen aufhört, endet unser Leben; unser Leben hängt davon ab, dass Blut in Bewegung ist. Wir sprechen auch davon, dass etwas „blutleer" ist und meinen damit: Es ist nicht lebendig, es ist öde, fad, steril.

Das Herzklopfen des verliebten Menschen ist Zeichen für dieses Bluterfüllte. Ich erinnere mich, als ich das erste Mal mit zitternder Hand die Telefonnummer meiner nachmaligen Ehefrau wählte, das Herz klopfte wild, das Leben war durch die Erfahrung der Verliebtheit ganz neu und lebendig geworden.

Das Leben als bluterfülltes ist freilich auch verwundbar: Weil Blut fließt, kann es auch aus uns herausströmen, wenn wir verletzt werden. Es ist nicht möglich, durch ein bluterfülltes Leben zu gehen, ohne Blut zu verlieren, ohne verletzt zu werden.

Nicholas Wolterstorff musste diese Erfahrung machen, als er am 11. Juni 1983 einen Telefonanruf erhielt, der ihm mitteilte, dass sein 25 Jahre alter Sohn Erik beim Bergsteigen in den österreichischen Alpen tödlich verunglückt war. In seinem Notizbuch *Lament for a Son* ringt Wolterstorff mit diesem Verlust. Seit dem Tod des Sohnes fehlt immer jemand bei den Familientreffen, auch noch 25 Jahre danach. Hier hat Blut aufgehört zu fließen, das aus dem Sohn und aus der ganzen Familie gewichen ist. Unwiederbringbar.

Es ist Teil des Lebens, dass es das Unumkehrbare, das Unwiederbringliche, das Endgültige als Erfahrung gibt. Der Satz „Es wird nie wieder so sein wie zuvor" ist schmerzhaft, gerade weil er wahr ist. Die „Niewiederheit" ist eine der schmerzhaftesten Dimensionen; im Kleinen („unser pubertierendes Kind wird nie wieder ein süßes Kleinkind sein") und im Großen wie im Falle von Erik Wolterstorffs Familie. Das Unwiederbringliche hat auch Hartes und Unerbittliches an sich. Nicholas Wolterstorff beschreibt, wie überrascht er war, als er seinen harten, kalten toten Sohn zur Ruhe bettete – es war, als wären Wärme und Weichheit aus ihm gewichen. Es ist nicht nur „Blut", sondern auch „Atem", wie wir gesehen haben, ein Bild für das Leben, das mit Fließen und Wehen zu tun hat.

Die Bluterfülltheit gibt dem Leben Gewicht, macht es aber auch verwundbar. Verwundbarkeit läuft darauf hinaus, dass mir etwas zustoßen kann, das für mich von Bedeutung ist – und das kann auch etwas Schönes sein. Die Verwundbarkeit des Menschen kann auch als ein Geschenk gesehen werden, das etwas Bedeutungsvolles und Veränderndes in das Leben eines Menschen hineinbringt.

prägend

Ich lebe mein Leben und dieses Leben hinterlässt Eindrücke im Leben anderer; ich könnte mir vorstellen, dass mit dem Gedanken der Rechenschaftspflicht vor Gott gerade auch gemeint ist, dass ich sehen muss, wie mein Leben andere Leben geprägt hat. Ich könnte mir vorstellen, dass wir sehen werden, in welchen Zusammenhängen unser Tun gestanden hat, was wir bewirkt haben. Eine unbedachte Bemerkung, eine Handlung im Zorn, eine berufliche Entscheidung, eine Begegnung – alles wirkt und wirkt weiter. Was macht es mit einem Kind, wenn ihm die Volksschullehrerin sagt, dass es dumm und unbegabt sei? Was bedeutet es für das Leben eines Menschen, wenn der Vater die Mutter verlässt, um eine neue Familie zu gründen? Was macht es mit einer Familie, wenn ein Mädchen mit Trisomie 18 geboren wird und einige Monate im Schoß der Familie lebt? Ich könnte mir vorstellen, dass wir am Ende unserer Tage sehen werden, welche Steine wir ins Wasser geworfen und welche Kreise diese Steine gezogen haben. Ja, es könnte sein, dass wir erschrecken und beschämt werden.

Nach Vers 12,36 des Matthäusevangeliums müssen wir über jedes unnütze Wort Rechenschaft ablegen – Gesagtes kann nicht ungesagt, Geschehenes nicht ungeschehen gemacht werden. Mitch Albom hat dies in seiner Geschichte *Die fünf Menschen, die dir im Himmel begegnen* dargestellt. Welche Menschen haben in unserem Leben eine Rolle gespielt? Im Leben welcher Menschen haben wir eine Rolle gespielt? Und wie hat sich dieses „Prägen" über den Lauf eines Lebens, das wiederum andere Leben berührt, entfaltet?

Wir leben unser Leben, werden dabei von anderen geprägt und prägen andere. Es ist beim Nachdenken über das eigene Leben ein wichtiger Aspekt, den prägenden Einflüssen auf das eigene

Leben nachzugehen. Welches waren die Schlüsselbegegnungen, die entscheidenden Momente, die
Bezugspersonen?

Eine der berühmtesten geistlichen Autobiogra-
phien des 20. Jahrhunderts ist die Lebensdarstel-
lung Thomas Mertons *The Seven Storey Mountain*,1946 auf Geheiß des Abtes der Abtei Our Lady
of Gethsemani in Kentucky verfasst, ursprünglich
veröffentlicht im Jahr 1948. Merton war damals 33
Jahre alt. Merton beschreibt in diesem Buch seinen
Weg bis zum Eintritt in das Trappistenkloster. Er
vermittelt die tiefe Einsicht, dass das Leben eines
Menschen inmitten von sozialen Kontakten stattfindet und entsprechend beeinflusst wird – kein
Mensch lebt für sich und allein in sich, die Schick-
sale von tausenden anderen Menschen werden
vom Leben eines Menschen beeinflusst, manche
nur von ferne, andere nahe und direkt. Merton
verdankte viel seinem Lehrer Mark van Doren, der
ihm in einem Shakespeareseminar die existenti-
ellen Fragen des Lebens nahe bringen konnte; so
verwundert es nicht, dass Merton Freundschaften
als eines der Hauptwerkzeuge des Heiligen Geistes
beschreibt. Das Leben ist „prägend" und auch „geprägt": Merton selbst wurde später einer der ein-
flussreichsten Mönche des 20. Jahrhunderts, prägte

mit seinem Leben viele Menschen in ihren Ansichten und Überzeugungen.

Diese Dynamik, dass ein menschliches Leben prägt, gilt für jedes Leben, wie unscheinbar es nach außen auch immer sein mag. Issa Grace hat viele Menschen berührt und das Leben meiner Schwiegermutter, um wieder auf dieses Beispiel zurückzukommen, hat mittlerweile mit seinen „Wellen" die überübernächste Generation erreicht, das erste Urenkelkind stellt sich bald ein.

offen

Mein Leben trägt seinen Anfang nicht in sich; es ist „unbegonnen", diese Verankerung in etwas Anderem zeigt sich auch darin, dass das Leben offen ist, über das eigene Ende hinaus. Issas Leben weist über sich hinaus und wirkt über sein Ende hinaus; die Wirkkraft des Lebens eines Menschen endet nicht mit dem Tod dieses Menschen. Mir fallen immer wieder Begebenheiten mit meinem vor fünf Jahren verstorbenen Vater ein, nicht zuletzt im Umgang mit den eigenen Kindern. Mein Vater war fünfzig Jahre alt, als ich auf die Welt kam; es wird etwas in mir bewirken, wenn ich so alt sein werde wie mein Vater zum Zeitpunkt meiner Geburt. Das Leben von uns Menschen ist „offen" in dem Sinne, dass es über sich hinauswirkt, aber auch in dem Sinne, dass es kaum gelingt, alles sauber abzuschließen; das Leben von uns Menschen ist schließlich auch in der Weise offen, dass es wahr sein könnte, dass das Leben weitergeht.

„Es könnte weitergehen"; der Gedanke, dass das Leben in den Händen Gottes liegt, dieser Gedanke könnte wahr sein. Thomas Merton hat diese Offenheit erfahren, als er sich immer stärker zur Messfeier hingezogen fühlte. Rückblickend war Merton davon überzeugt, dass die Gnade in der Seele arbeitet, auf eine nicht erkennbare Weise. Immer wieder verwendet er den Begriff der Vorsehung. Die Stimme des Gewissens deutet er als Zeichen dafür, dass er noch nicht moralisch tot war, etwa das schlechte Gewissen, das er nach durchzechter Nacht verspürte, wenn er zu Tagesbeginn die Arbeiter zu ihren Baustellen gehen sah; hier zeigte sich ihm die Offenheit des Lebens auf ganz Anderes. Immer wieder deutet Merton eine mystische Dimension in seinem Leben an, etwa in einem Erlebnis in Rom ein Jahr nach dem Tod seines Vaters, als er das Gefühl hatte, dass sein Vater im Zimmer war und er diese Präsenz lebhaft wahrnahm. In dieser Situation begann Merton nach eigener Aussage das erste Mal in seinem Leben zu beten. Sein Leben antwortet damit auf erfahrene Offenheit.

Die Offenheit des Lebens bedeutet auch, dass es „Beweise" für Antworten auf erste und letzte Fragen nicht wird geben können. Das Offene ist auch das Fremde – in den Auferstehungsevangelien fällt auf, dass Jesus der Fremde bleibt. Maria von Magdala hält Jesus für den Gärtner, obwohl sie ihn zu Lebzeiten gut kannte. Jesus entzieht sich immer wieder, sagt zu ihr auch „Halte mich nicht fest" (Johannesevangelium 20,17). Die Offenheit des Lebens zeigt sich schließlich auch im offenen Himmel, einem Motiv, das wir immer wieder in der Heiligen Schrift finden – im Buch Genesis, als Jakob in einem Traum den Himmel offen und die Engel auf- und niedersteigen sieht (28,12), im Evangelium, als sich der Himmel nach der Taufe Jesu öffnete (Markus 1,10), in der Apostelgeschichte, als Stephanus während seines Martyriums (7,55) oder Petrus während seiner Vision über die Reinheitsgebote (10,11) den Himmel offen sehen. Das Motiv des offenen Himmels ist ein Hineinragen von einem „Jen-Seits" in unser „Dies-Seits", ist eine Andeutung, dass das Irdische und das Himmlische nicht vollkommen getrennt sind.

Mitunter treffen wir auf Menschen, die besonders begnadet sind, die auf das hin offen sind, was unser Leben übersteigt. John Nelson Hyde (1865–1912) war ein solcher Mensch, ein christlicher Missionar in Indien, der aufgrund der Kraft und Autorität seiner Gebete „Praying Hyde", „betender Hyde", genannt wurde. Sein Beten war selbstverständlich wie ehrfürchtig und ringend, kraftvoll wie auch eingedenk der eigenen Ohnmacht. In der Gegenwart eines Menschen, für den das Beten kraftvolles Atmen der Seele ist, wird die Offenheit unseres Lebens deutlich, sehen wir den Himmel offen stehen.

Dieses Leben versuchen wir zu leben: unbegonnen, einzigartig, undurchmessbar, bluterfüllt, prägend, offen. Das ergibt eine Weite und eine Tiefe, die sich nicht in Listen oder Rezepten abbilden lässt. Die Suche nach dem Guten im Leben ist deswegen auch nicht über Abkürzungen zu erledigen; die Suche nach dem guten Leben ist eine Lebensaufgabe – und schwer, richtig schwer. Man kann beim guten Leben ebenso wenig wie beim Reich Gottes sagen: „Seht, hier ist es!, oder: Dort ist es!" (vgl. Lukasevangelium 17,21) Man kann nicht darauf zeigen; die Suche ist und bleibt uns aufgegeben und kann nie selbstgefällig abgeschlossen werden.

3
LEBENSTIEFE

Die Suche nach dem Guten ist auch die Suche nach dem Wichtigen und Richtigen; das Gute ist das, wofür es sich zu leben (und vielleicht auch zu leiden und vielleicht auch zu sterben) lohnt; das Gute ist das, was Gründe für das Handeln gibt, die nicht noch weiter begründet werden müssen.

„Warum tust du das?", könnte jemand fragen; und wenn ich antworte, „weil ich meine Frau liebe", so ist ein klarer Grund gegeben, wo man nicht weitergraben und weiterbohren sollte. Das Gute ist das, was mir Grund zur Freude und Dankbarkeit gibt; etwas ist gut für einen Menschen, wenn er ein Leben, in dem dieses Gut vorkommt, einem Leben, in dem dieses Gut nicht vorkommt, vorzieht. Für manche Menschen etwa ist ein Chor, in dem sie singen, ein Gut; „Ich kann mir mein Leben ohne den Chor nicht vorstellen", sagen manche. Und das zeigt an, dass der Chor für diesen Menschen kostbar und wertvoll ist. Das müssen nicht alle Außenstehenden nachvollziehen können.

Ein Gut ist kostbar, will heißen: Ich bin bereit, dafür einen Preis zu zahlen, Opfer zu bringen, einen Aufwand zu treiben. Das, was mir lieb und teuer geworden ist, prägt meine Lebensform. Wir wollen mit dem, was uns wichtig ist, verbunden sein. Das „Gute leben" (zu unterscheiden vom guten Leben) ist das Bekenntnis zu dem, was ich als richtig und wichtig erkannt habe, und dass ich nun bereit bin, darauf mein Leben aufzubauen und danach mein Leben auszurichten. Damit sind wir bei der Frage, was denn das Richtige und Wichtige im Leben sei.

Ludwig Wittgenstein hatte einmal zwischen den Regeln und dem Witz eines Spiels unterschieden; das Regelwerk kann mehr oder weniger klar angegeben werden, es kann festgesetzt und ausgehandelt werden; der „Witz" des Spiels hat demgegenüber mit dem zu tun, was die Faszination des Spiels ausmacht, die Motivation, das Spiel zu spielen; der Witz („the point of the game") erinnert an das, was einem Spiel „Tiefe" gibt. Was gibt dem Leben Tiefe? Oder auch: Was gibt dem Leben jene Leichtigkeit, die es lebenswert macht und uns mit Lebenskraft und Lebensfreude und Lebensmut erfüllt? Für mich sind diese beiden Aspekte nicht zu trennen.

Es scheint mir hilfreich zu sein, neben dem Begriff der „Lebensqualität" auch den Begriff der

„Lebenstiefe" einzuführen; Lebenstiefe ist das, was meinem Leben „Richtung" und „Gewicht" gibt; sie ist mit der erwähnten Bereitschaft verbunden, Kosten zu übernehmen und Opfer zu bringen. Ein Anhaltspunkt zur Annäherung an den Begriff der Lebenstiefe findet sich in Aldous Huxleys Roman *Schöne Neue Welt*. Gegen Ende des Buches kommt es zu einer Begegnung zwischen dem Weltaufsichtsratsvorsitzenden und einem „Wilden". Der Weltaufsichtsratsvorsitzende freut sich über die Vorzüge einer schmerzfreien Gesellschaft. Sein Gesprächspartner stellt dies in Abrede und beklagt sich, dass die Dinge in dieser Spaßgesellschaft zu wenig kosten, dass in einer schmerzfreien Welt kein Raum sei für Heroismus, Tugenden oder Tiefe. „Was du brauchst, ist etwas mit Tränen. Nichts kostet hier genug." – „Lebenstiefe" hat auch mit dem zu entrichtenden Preis zu tun. Issas Leben war in den Augen ihrer Familie kostbar; wurde durch die schlaflosen Nächte, die Sorgen, die Schmerzen angesichts von Issas Schmerzen immer kostbarer.

In Antoine de Saint-Exupérys *Der kleine Prinz* findet sich der vielzitierte Satz: „Du bist zeitlebens für das verantwortlich, was du dir vertraut gemacht hast." Es ist der Satz, den der Fuchs dem Kleinen Prinzen schenkt – ebenso wie den Satz „Die Zeit, die du für deine Rose verloren hast, sie macht deine Rose so wichtig." Diese beiden Sätze deuten an, dass das, was mit langsamen Schritten erarbeitet wurde, was mit Mühen bewirkt wurde, dass dies einen besonderen Wert bekommen hat. Das Vertrautmachen („Zähmen") des Fuchses als Ausdruck des Aufbaus einer Freundschaft war ein schrittweise zurückgelegter Weg, der Geduld und Ausdauer verlangte. So entsteht tiefe Bindung.

In Yann Martels berühmtem Roman *Schiffbruch mit Tiger* überlebt ein Bub mit einem Tiger („Richard Parker") auf einem Boot; sie erreichen nach einer alles fordernden Odyssee die Küste Mexikos – Richard Parker springt aus dem Boot und läuft zum Dschungel. „Als er den Dschungel erreichte, blieb er stehen. Ich war mir sicher, dass er sich nun zu mir umdrehen würde. Er würde mich ansehen"; aber das tat der Tiger nicht, sein Blick war auf den Dschungel gerichtet, er verschwand „mit einem kleinen Sprung für immer aus meinem Leben". Diese kleine fiktive Begebenheit deutet die Enttäuschung darüber an, dass das Vertrautmachen nicht zu einer Bindung geführt hatte. Denn jede gemeinsam durchgestandene Schwierigkeit, so eine schöne Vermutung, schafft Bindung und Tiefe – ebenso wie das geteilte Schöne.

Noch einmal die Frage: Was gibt dem Leben Tiefe? Eine mögliche Antwort könnte lauten: Der Umstand, dass das Leben nicht in einem unschuldigen Paradiesgarten stattfindet. Wenn wir uns dem Leben stellen, stellen wir uns auch den dunklen Seiten des Lebens. Das Gute ist bedroht; oder anders gesagt: Es gibt das Zerstörerische, das Bösartige, das Üble. Wer würde das leugnen? Es gibt „die Dämonen in uns", die uns dazu bringen, das Schlechte zu tun, das wir eigentlich nicht tun wollen. Bill Clegg, schwer von Alkohol- und Drogensucht gezeichnet, hat von seinen Kämpfen, von den Kämpfen mit seinen inneren Dämonen erzählt.

Billy Clegg war ein aufstrebender, beliebter und erfolgreicher Literaturagent, der sich in einen Zusammenbruch manövrierte; der seinen Lebenspartner, seine Geschäftspartnerin, seine Kunden belog. In einer ehrlichen Autobiographie, die wenig Antworten auf die Frage nach dem „Warum" gibt, erzählt er von der dunklen Parallelwelt, die er mitten in New York erlebt hat. Er erzählt davon, wie er im Rahmen eines Entzugs auf die Knie fiel, um zu beten, um Hilfe, um Vergebung, um einen Weg durch die schweren Stunden zu finden; er beschreibt, wie er sich an den Worten „Wenn es sich wie das Ende der Welt anfühlt, ist es niemals das

Ende" festhält. Rückblickend denkt er – das erste Mal nach vielen Monaten – an den Schmerz, den er anderen zugefügt hat, die Menschen, die er im Stich gelassen hat. Er beschreibt, wie viel Vertrauen er verspielt hat. Mit jedem gebrochenen Versprechen, mit jeder nicht eingehaltenen Vereinbarung, mit jedem ignorierten Termin versickerte Vertrauen, das kaum wieder herzustellen war.

Wenige Jahre nach dieser Lebensbeschreibung legte Bill Clegg ein zweites Buch vor, in dem er unter dem Titel *Neunzig Tage* (anspielend auf die Erfolgsschwelle, neunzig Tage lang trocken zu bleiben) über sein Ringen mit dem Entzug berichtet. Immer wieder das Ringen, immer wieder der Rückfall, der tiefe Fall; immer wieder der Verlust von mühsam aufgebautem Vertrauen, immer wieder die Erfahrung giftiger Beziehungen, die in eine giftige Welt hineinziehen; immer wieder die Erfahrung, sich vor sich selbst zu ekeln. Hier zeigt sich das Leben nicht als saubere Kausalkette, bei der jede Handlung auf einem Warum-Draht aufgefädelt ist. Hier zeigt sich das Gute als stets Bedrohtes, selbst dreiundsiebzig trockene Tage sind noch keine Gewissheit, dass es nicht zu einem Rückfall kommen wird. Jeder Tag ein neues Ringen.

Lebenstiefe ergibt sich aus dem Kostbaren, dem Preis für das Kostbare und der Erfahrung der Zerbrechlichkeit dessen, was mir teuer ist. Das Gute ist verletzbar; dies war auch die Erfahrung des Engländers Thomas Harding, der seinen vierzehnjährigen Sohn Kadian bei einem Fahrradunfall verlor, den er selbst mitansehen musste. Er hatte die schwere Aufgabe, die Todesnachricht sowohl Kadians Schwester als auch Kadians Mutter, die zum Zeitpunkt des Unfalls tausende Kilometer entfernt war, zu übermitteln. Harding beschreibt das Rohe und Disruptive dieses Schmerzes; er hat Gutes verloren, ringt nun darum, sein Lebensgefühl zu fassen. Er erzählt von dem von ihm gefühlten Schmerz der Unbenennbarkeit; er machte sich auf die Suche nach einem Begriff für den empfundenen Schmerz. Er braucht ein Wort, um die blutende Wunde seines Herzens verbinden zu können. „Was ist das richtige Wort für das, was ich durchmache?" – damit hängt für ihn auch die Frage nach seiner Identität zusammen: Wie bezeichnet man einen Vater, der seinen Sohn verloren hat? Ein Sohn, der seine Eltern verliert, ist ein Waise; ein Ehemann, der seine Ehefrau verliert, ist ein Witwer. Aber welches Wort bezeichnet den Status (und damit auch ansatzweise die innere Situation) eines Mannes, der seinen

Sohn begraben musste? Harding stößt auf das Wort „kampu", einem Wort aus einer australischen Sprache. In Zambia und Malawi wird das Wort „ofedwa" verwendet, um trauernde Eltern zu beschreiben. Diese Wörter spenden Thomas Harding Trost. Das Wort hält etwas fest, öffnet gleichzeitig die Türen hin zu Vorstellungen und erinnert uns daran, dass das Leben verwundbar ist, zerbrechlich; das Leben kann sich mit einem Schlag verändern, einen „Lebensplan" zunichtemachen. „Verletzbarkeit" bedeutet: Es kann mir etwas zustoßen, das ich nicht kontrollieren kann; es kann etwas beschädigt oder zerstört werden, das mir teuer ist. Das Gute wird in tönernen Gefäßen getragen, auch ein Wort kann es nicht halten.

Das Gute ist verletzbar, das, was Kraft für das Leben gibt, ist kostbar – ein erschütterndes Zeugnis dieses Umstands stellt Robert Goolricks Autobiographie dar. Der amerikanische Romancier Goolrick, geboren 1948, beschreibt in seiner Autobiographie *Das Ende der Welt, wie wir sie kennen* seine beklemmende Lebensgeschichte. Sein Leben war aus den Fugen geraten, durch Alkohol- und Drogensucht, an einer Stelle schreibt er lapidar: „Ich habe ein Jahrzehnt meines Lebens verloren, einfach verloren, so wie andere ihre Brille verlieren."

Es ist lehrreich und berührend, welche Sprache Goolrick findet, um Menschen zu beurteilen. Über seine Mutter schreibt er: „Die Menschen liebten meine Mutter sehr … sie war liebenswürdig und bedacht und schrieb eine wunderbare Dankeschön-Karte. Privat war sie bösartig und liebevoll zugleich. Sie erzählte mir, dass ich, als ich geboren wurde, so ein schönes Baby gewesen wäre, dass sie mich ein Jahr lang nicht in den Arm nehmen konnte. Ich bin mir nicht sicher, in welche der beiden Kategorien das nun gehört." Goolrick beschreibt das Drama der Ehe seiner Eltern, die nach außen hin das perfekte, glückliche, geistreiche und charmante Ehepaar spielten, Herz und Seele jeder Party, aber nach innen hin und ohne die Bühne der anderen: leer und unglücklich. Die Kinder hatten Angst vor ihren Eltern: „Wir liebten sie, und wir hatten Angst vor ihnen. Wir hatten Angst, weil wir wussten, dass sie unglücklich waren." Und im Laufe der Jahre bröckelte diese Fassade immer mehr: Robert Goolrick hatte mehr und mehr Angst vor den Wutausbrüchen der Mutter, vor dem selbstgerechten Beleidigtsein seines Vaters: „Er hatte eine Menge verloren, denke ich mal: seine brillante Zukunft durch Faulheit und Ennui, seine brillante Gattin, die eine brillante Kälte und Bitterkeit entwickelt hatte … Er war ein Narr und ein Versager, und … der Selbstbetrug war schwerer und schwerer zu bewerkstelligen. Er besaß bloß noch eine dünne Fassade des Charmes, und es gab immer weniger Leute, denen man die alten Anekdoten erzählen konnte." Die Eltern trieben in eine Erschöpfung hinein, Abnutzung und Verbrauchtheit bestimmten ihr Leben, zeigten sich an den Körpern, an den Möbeln, am Garten, in den Gesprächen. Ihr Sohn stellte sich die bange Frage. „Wie haben sie weitergemacht?" Er fragte sich: „Wie haben sie ihr Leben gelebt, im Wissen, was sie getan hatten, wie haben sie so lange weiter blühen und dann versagen können?"

An einer unscheinbaren Stelle des Buches erzählt Goolrick dann von der Zerstörung des Guten; er erzählt davon, wie er als vierjähriger Bub von seinem fünfunddreißigjährigen Vater sexuell missbraucht wurde; die Mutter, die zugegen war, wachte kurz auf, stieß den Vater vom Sohn herunter – und nie, nie wurde das Thema danach berührt. Ist es verwunderlich, dass Robert Goolrick eine Liste der Medikamente aufzählt, die er tagtäglich einnehmen muss, um durch den Tag zu kommen? Ist es verwunderlich, dass er Sätze schreibt wie: „Schreckliche Dinge werden geschehen. Dinge, über die man nicht sprechen kann. Dinge, die den Tod bringen. Kein Engel kam, wie im Traum. Kein Engel kam, um mich in mein sicheres Bett zu tragen."

Goolrick entwickelt ein sprachlich wie philosophisch nicht zu beschreibendes Gefühl für das, was in jener Sommernacht zerstört wurde: „Mein Vater war kein Monster. Selbst darin hat er versagt. Er war ein Mann, dessen Begierde in einer heißen, tiefen, trunkenen Sommernacht eine Art Kurzschluss erlitt und ihn zurückließ mit einem … zurückließ mit etwas, das ich bis heute nicht verstehe. Einem Gefühl von gebrochener Gewalt. Einem Gefühl unerwiderter Liebe. Einem Gefühl der Scham, das kein Alkohol abtöten konnte. Irgendetwas." Fassungslos meinen wir auch hier nur sagen zu können: So ist das menschliche Leben. So wie es Goolrick selbst tut: „In einem Leben, in jedem Leben, geschehen böse Dinge. Es geschehen auch viele gute Dinge, natürlich, wir kennen sie alle – Freude, Zärtlichkeit, Erfolg, Schönheit – aber einige böse Dinge geschehen auch. Manchmal geschehen auch ganz schlimme Dinge." Und hier reicht der Satz „So ist das menschliche Leben" nicht aus; hier gilt der Satz „Das darf nicht sein".

Dieser Satz ist einmal ein Anhaltspunkt. Er ist aber auch beängstigend. Es geschehen Dinge im

Leben, die nicht eingerenkt werden können wie eine ausgerenkte Schulter; die nicht geflickt werden können wie eine löchrige Hose. Es ist beängstigend, wenn man sich vorstellt, wie viele Menschen mit diesen offenen Wunden durchs Leben gehen. So wie man sich eine Stadt von unten, vom System der Kanäle und Schächte, der Leitungen und Rohre, her ansehen kann, so könnte man sich auch die Gesellschaft von unten, von den seelischen Bewegungen und Verletzungen her ansehen. Was spielt alles mit, wenn zwei Menschen in einem Bus aufeinander treffen? Was trägt ein Mensch, der einen Lottoschein kauft, alles mit sich herum? Das Gute zu leben ist nicht allein eine Frage von gutem Vorsatz und Willensstärke. Das Leben ist zerbrechlicher. Und doch: Gerade weil das Gute bedroht ist, ist es entscheidend, die Frage nach dem Guten zu stellen – und an der Möglichkeit des Guten festzuhalten. Auch das ist eine Antwort auf die Frage nach der Tiefe des Lebens: Die Möglichkeit des Guten.

4
ÜBER DAS GUTE LEBEN NACHDENKEN

Issa Grace ist eine dieser Botinnen dafür, dass das Gute möglich ist; das Schlusslied ihres Begräbnisses war das Spiritual „This little light of mine, I am gonna let it shine". Dieses kleine Licht heilt Bill Clegg und Robert Goolrick nicht, es hält aber die Hoffnung auf das Gute aufrecht, die Hoffnung, dass es möglich ist, einigermaßen unbeschädigt durch einen Tag zu kommen, dass es möglich ist, auch gute Tage zu erleben. Was ist ein gutes Leben? Was macht ein Leben gut? Was bedeutet es, das Gute zu leben?

Ich möchte drei Vorschläge machen, über das Gute im Leben nachzudenken:

Erstens ist es hilfreich, sich „Wünsche am Beginn des Lebens" vorzustellen; welchen Wunsch würden wir einem Neugeborenen mitgeben wollen?

Wenn wir am Anfang eines neuen Jahres stehen, gibt es die „guten Wünsche für das Neue Jahr"; wir schreiben Karten, die mit der Formulierung „Mit allen guten Wünschen für das Neue Jahr" enden. Was sind gute Wünsche am Beginn eines Jahres? Wenn wir jemandem „ein gutes neues Jahr" wünschen, was wünschen wir dann? Wünschen wir ein leichtes, ein müheloses, ein unbeschwertes Jahr? Ich für meinen Teil bin sicher, dass ich das nicht unter einem „guten Jahr" verstehe; ein gutes Jahr hat auch seine Schwierigkeiten und Schmerzen, seine Bürden und Belastungen. Ich verstehe es, wenn manche spirituelle Traditionen die Bedeutung der kleinen Ärgernisse für die eigene Reifung hervorheben. Ein gutes Leben ist kein Leben, das widerstandsfrei wäre. Wenn ich meinen Kindern ein gutes Leben wünsche, dann meine ich damit nicht ein sorgenfreies Leben, frei von Herausforderungen; ich meine ein anspruchsvolles Leben; ich meine freilich auch ein Leben, das von jener zerstörerischen Kraft, die Robert Goolrick erleben musste, frei bleibt.

Wenn ich jemandem einen „guten Tag" wünsche, dann wünsche ich ihm einen Tag, zu dem er „Ja" sagen kann. Eine meiner liebsten Stellen im Evangelium ist die Verklärung des Herrn (Matthäusevangelium 17,1–9) und die Aussage des Petrus, der ganz verzaubert ist vom verklärten Herrn: „Es ist gut, dass wir hier sind." (Matthäus 17,4) Dieser Satz fasst die Erfahrung des Guten zusammen. Wenn ich jemandem Gutes wünsche, dann wünsche ich ihm Segensreiches – „benedicere", „segnen", bedeutet: das Gute zusagen. Wenn ich jemandem Gutes zusage, wünsche ich ihm die Erfahrung „Es ist gut, dass wir hier sind".

Diese Erfahrung, im Leben willkommen zu sein und willkommen geheißen zu sein, würde ich als ersten Wunsch in die Wiege eines Neugeborenen legen. Es ist ein Lebensfundament, auf dem man bauen kann, wenn man willkommen geheißen wurde. Ich würde den Wunsch in die Wiege legen, dass der junge Mensch seinen „Platz" findet.

Diese Suche nach ihrem Platz hat die Australierin Sally Morgan in ihrer Autobiographie *My Place* beschrieben. Kernthema ist die Suche nach „ihrem Platz", nach einem Ort, an dem sie weiß, wer sie ist, an dem sie in Sicherheit bleiben und sich als Mensch entfalten kann. Sallys Vater war aus dem Zweiten Weltkrieg als zerstörter Mann zurückgekehrt, war nicht mehr arbeitsfähig und wurde zum Alkoholiker. Immer wieder kam es zu Gewaltausbrüchen, das Zuhause war nicht sicher. Nach dem Tod des Vaters lebte Sally mit ihrer Großmutter, ihrer Mutter und den Geschwistern, fragte sich aber immer wieder nach ihrer Identität: Wer bin ich? Warum habe ich eine dunklere Hautfarbe als die anderen Kinder in der Schule? Woher kommt unserer Familie eigentlich? Das sorgsam und auch beschämt gehütete Familiengeheimnis, dass die Familie mütterlicherseits Aborigines sind und Sally damit zu den australischen Ureinwohnern zählt, wurde erst spät in ihrer Teenagerzeit und unter großem Widerwillen gelüftet; bis dahin hatte sie sich nie einen Reim auf ihre Zugehörigkeit („wo gehöre ich hin?") machen können. Erst als junge Frau findet Sally Morgan die Lebenssicherheit, bekennt sich zu ihrer Herkunft, findet sich mit ihrer Identität zurecht, findet ihren Platz als Künstlerin. Damit fand ein langer Leidensweg, mit Lügen und Verwirrungen, verächtlichen Bemerkungen hinter ihrem Rücken und der Erfahrung eines gewaltvollen Zuhauses, ein Ende.

Der Wunsch, „meinen Platz" zu finden, scheint mir ein bedeutender Segenswunsch zu sein, auch im Einklang mit der Idee, dasjenige zu finden, was nur ich dem Leben geben kann. Schließlich reicht es in unserem Leben nicht aus zu überleben, wir brauchen einen „Lebensplatz", einen Ort, den wir als unseren erfahren und als unseren gestalten, einen Ort, an dem wir bleiben und wachsen können. Man kann den Lebensplatz vielleicht mit einem Zelt vergleichen: Jede Bindung, die wir erfahren, ist wie ein Pflock, der das Zelt verankert.

Die Frage nach den Wünschen am Anfang des Lebens lässt sich noch zuspitzen: Was wünschen wir jemandem, der neu ins Leben getreten ist und der uns etwas bedeutet, wenn wir an der Schwelle zum Tod stehen? Genau vor dieser Frage stand der Jesuitenpater Alfred Delp, der im Juli 1944 ins Gefängnis kam, weil er mit dem Umfeld des Attentats auf Hitler in Kontakt stand. Pater Delp wurde am 2. Februar 1945 hingerichtet, wartete seit Urteilsverkündung am 11. Januar auf die Hinrichtung und schrieb am 23. Januar, eine Woche vor seinem Tod, einen Brief an sein Patenkind, Alfred Sebastian Keßler. Delp schickt seinem zehn Tage alten Patenkind „mit meinen gebundenen Händen einen kräftigen Segen", spricht dann den Umstand an, dass sich der Bub „eine harte Zeit ausgesucht" habe, tröstet dann aber: „Ein guter Kerl wird mit allem fertig." Dann erinnert er den kleinen Alfred Sebastian an das Vorbild seiner beiden Vornamensgeber, Alfred, Mann des Gebets, Sebastian, Mann der Tapferkeit. Und schließlich fügt Alfred Delp seine eigene Einsicht in das Leben hinzu: „Das war der Sinn, den ich meinem Leben setzte, besser, der ihm gesetzt wurde: die Rühmung und Anbetung Gottes vermehren; helfen, daß die Menschen nach Gottes Ordnung und in Gottes Freiheit leben und Menschen sein können."

In diesen Wünschen findet sich der Hinweis auf Lebensanker und Lebensfokus und die Idee des Dienstes. Delp erinnert sein Patenkind daran, dass uns die Kraft Gottes zur Verfügung steht, „daran hängt es auch, ob ein Mensch einen endgültigen Wert hat oder nicht". Den endgültigen Wert, die definitive Form seines Lebens wusste Delp erst im Gefängnis geformt; bis zuletzt hatte er auf Freispruch gehofft, dann wurde ihm klar, dass die Hinrichtung sein Leben beschließen würde. Die im Gefängnis notwendige Konzentration auf das Eigentliche gab, so empfand es Delp, seinem Leben eine endgültige Form, eine Plastizität. Delp beendet seinen Brief an Alfred Sebastian Keßler mit drei Wünschen: „helle Augen, gute Lungen und die Fähigkeit, die freie Höhe zu gewinnen und auszuhalten"; der Hintergrund für diese Wünsche ist das Bild eines hohen Berges: „Ich lebe hier auf einem sehr hohen Berg … Was man so Leben nennt, das ist weit unten, in verschwommener und verworrener Schwärze. Hier oben treffen sich menschliche und göttliche Einsamkeit zu ernster Zwiesprache. Man muß helle Augen haben, sonst hält man das Licht hier nicht aus. Man muss gute Lungen haben, sonst bekommt man keinen Atem mehr." Das ist ein Bild, das den Wünschen am Anfang des Lebens Bedeutung verleiht.

Noch einmal die Frage: Welche Wünsche würden wir einem Neugeborenen, dem wir das Gute zusprechen wollen, in die Wiege legen? Der evangelische Theologe Dietrich Bonhoeffer war in einer ganz ähnlichen Situation wie Alfred Delp. Im Mai 1944, nachdem er bereits mehr als zwei Jahre inhaftiert ist, schickt er seinem Patenkind Dietrich Wilhelm Rüdiger Bethge einige Gedanken über das Leben. Er wünscht ihm vor allem Verantwortungsbereitschaft. Das sagt auch viel über „die Zeichen der Zeit" aus.

Was würden wir also einem Neugeborenen in die Wiege legen wollen? Es lohnt sich, über diese Wünsche nachzudenken, über diese Segenswünsche nachzudenken. So ist es auch eine besonders tiefe Übung, ein Segensgebet für jemanden zu schreiben – ein Gebet, das das Gute zusprechen will. Eindrucksvoll finden sich solche Segenswünsche im biblischen Buch Genesis – etwa im Erstgeburtssegen, den sich Jakob von seinem Vater Isaak erschleicht, in dem Isaak seinem Sohn wünscht: „Gott gebe dir Tau vom Himmel, vom Fett der Erde, viel Korn und Most. Dienen sollen dir die Völker" (Genesis 27,28f). Am Ende des Buches erteilt Jakob seinen Söhnen den je persönlichen Segen (Genesis 49). Er sagt seinem Sohn Ruben Kraft zu, brodelnd wie Wasser, seinem Sohn Juda Zähne weißer als Milch, seinem Sohn Issacher den Sinn für die Ruhe, das Schöne und die Freundlichkeit des Landes, seinem Sohn Naftali gefällige Rede, seinem Sohn Josef die Hilfe des Allmächtigen. So zeigt sich das Ringen um das Gute in Segenswünschen.

Zweitens ist es auf der Suche nach dem guten Leben hilfreich, den Blick auf das Ende des Lebens zu richten und auf das eigene Leben vom Ende her zu schauen. Anders gesagt: Wie möchte ich mein Leben dereinst, wenn es zu Ende geht, gelebt haben? In Georg Perecs erwähntem Roman über das Leben findet sich der Satz: „Durch die Treppenhäuser huschen die flüchtigen Schatten all derer, die eines Tages da waren." Auch dieser Satz ist ein Satz über das Leben – wir sind wie flüchtige Gestalten im Treppenhaus eines Hauses, das vor uns da war und das uns überleben wird. Wie wollen wir denn als die flüchtigen Schatten, die wir einst sein werden, unser Leben leben?

Wenn ich vor einer Entscheidung stehe, kann ich mich fragen: Wie möchte ich zum Zeitpunkt meines Todes entschieden haben? Dieser Blick auf das Ende (ein Merkspruch des heiligen Papstes Johannes XXIII. lautet: „In omnibus respice finem",

„In allem schau auf das Ende") schafft einen Sinn für Proportionen und Gewichte. Was zählt am Ende des Lebens? Was bleibt? Issa hat ihre Lieben stets durch ihr schieres Leben daran erinnert, die Dinge vom Ende her zu sehen.

Viel gelesen wurde Bronnie Wares Buch *5 Dinge, die Sterbende am meisten bereuen*. Sie ging als Hospizkrankenschwester der Frage nach, was Menschen, die am Ende ihres Lebens angelangt waren, besonders bedauern würden. Es gibt zu denken, dass Menschen es bedauern, sich zu wenig um ihre Freundschaften bemüht zu haben oder nicht den Mut gehabt zu haben, Gefühle auszudrücken und jenseits von Rollenerwartungen die Person zu sein, die man eigentlich ist.

Es ist heilsam und hilfreich, sich an das Gute vom Ende des Lebens her anzunähern. Es wirft ein Licht auf das Gute im Leben, wenn man Menschen, die reich an Lebensjahren sind, fragt: Wenn du auf dein Leben blickst – was hat Bedeutung? Was bleibt? In ihrem Buch *Vielleicht bin ich ja ein Wunder. Gespräche mit Hundertjährigen* haben Christine Haiden und Petra Rainer sechzehn Gespräche mit Menschen geführt, die das hundertste Lebensjahr vollendet hatten. Zufriedenheit und Dankbarkeit, Lebensfreude und Lebensmut sind

Motive, die sich durch die Gespräche ziehen. Es sind nicht Konsumgüter, die als lebenstragend und bedeutsam beschrieben werden, sondern Begegnungen und Beziehungen, Erfahrungen mit Natur und Kultur, gelebtes Miteinander. Immer ist da auch ein Blick auf Künftiges, auf Pläne. Und ein leises Staunen über das eigene Leben, über das Einzigartige, über das Unerwartete: „Vielleicht bin ich ja ein Wunder!"

Wenn man das Leben vom Ende des Lebens her betrachtet, zeigt sich eine neue Sensibilität gegenüber dem Guten, eine neue Tiefe auch. Randy Pausch hat, gezeichnet von Bauchspeicheldrüsenkrebs, mit Blick auf seine drei Kinder, über das, was im Leben wichtig ist, nachgedacht: Vergiss deine Kindheitsträume nicht! Hilf Menschen dabei, ihre Träume zu leben! Diese Sätze haben Kraft.

Ein von mir sehr geschätzter Philosoph hat mir anlässlich seines 70. Geburtstages geschrieben: „Mein Leben eilt nun dem Ende zu. Aber auch das Ende des Lebens ist selbst noch Leben. Von ihm können Erfüllungen ausgehen, die nur von ihm selbst her möglich sind. Andere als theoretische Lebensformen treten hervor … Ich habe mein früher weitgehend theoretisch bestimmtes Leben aufgegeben und arbeite regelmäßig ehrenamtlich in einem

Pflegeheim." Diese Zeilen haben mich gerührt. So ähnlich wie Menschen mit Lebenserfahrung eine besondere Autorität haben, haben auch Worte, die mit Blick auf das Ende des Lebens gesprochen werden, eine besondere Autorität.

Im August 2013 hatte die *Frankfurter Allgemeine Zeitung* ein Gespräch mit der im Jahr 1912 geborenen Gerta Scharffenorth veröffentlicht. Sie beschreibt das, was sie sinnvolle Beschäftigungen nennt: „Ich sitze immer noch viel am Schreibtisch und versuche, in bescheidenem Maße meine Korrespondenzen weiterzuführen. Es ist weniger geworden, geht langsamer, und die Abstände sind größer geworden. Auch die Briefe werden kürzer, manchmal sind sie auch sehr kurz, und aus einem Brief wird nur noch eine Karte. Aber wenn man im Leben viele menschliche Verbindungen hatte, ist es als Glück zu bezeichnen, wenn diese nicht alle abgerissen sind." Sie will ihren Kindern noch Erinnerungen an den Vater hinterlassen, sie spricht die Kunst des Lebens in zwei Punkten, Nachdenken über Dankbarkeit und Nachdenken über den Tod, an: „Ich habe schon den Eindruck, dass es mir besonders gut geht. Ich mache mir das oft klar und bin sehr dankbar, dass es mir so geht. Das ist eine besondere Gnade." Und der Tod: „Die Fragen um den Tod [sind] auch immer mit der Frage verbunden …, was einem noch wirklich wichtig ist." Auf die Frage nach der schönsten Lebensphase antwortet Frau Scharffenorth: „Ich habe sehr lebhafte Erinnerungen an die verschiedenen Lebensphasen. Als die schönsten muss ich zwei nennen. Die eine ist meine späte Kindheit und das Erwachsenwerden, also das Alter zwischen 13 und 15 Jahren. Da habe ich sehr schöne Erfahrungen gemacht. Die andere Phase sind im Prinzip die letzten Jahre. Es ist nämlich etwas Besonderes, eine junge Generation, also meine Urenkel, kennenzulernen und mich mit ihnen auszutauschen" – man wäre angesichts dieser Erfahrung, dass besonders schöne Momente gerade auch in einer späten Phase kommen können, versucht, das Loblied einer langandauernden, durch Tiefen und Höhen gehenden Ehe zu singen, die, wenn sie „vorschnell" hingeworfen wird, diese angesprochene Ernte nicht mehr einfahren kann. Auch das ist ein Blick auf das Gute im Leben, vom Ende her.

Damiano Modena hat den weltbekannten Kardinal Carlo Maria Martini in dessen letzten Lebensjahren begleitet. Er charakterisiert aufgrund dieser Erfahrung das Leben als eine Subtraktion: „Was nach einer Addition aussieht, ist in Wahrheit oft eine Subtraktion. Man kann zum Beispiel alle möglichen Titel erwerben und ist doch erst dann wirklich Mensch, wenn man lernt, diesen Ballast abzuschütteln, wie sich ein Hund nach einem unerwarteten Regenguss vom Wasser befreit." Kardinal Martini litt an Parkinson, einer heimtückischen Krankheit, die sich seiner immer mehr bemächtigte, den Radius einschränkte, seine Unsicherheit und seine Angewiesenheit vergrößerte. Erst wurde jede Reise zu einem Abenteuer, dann jeder Spaziergang, schließlich das Aufstehen, das Essen, das Sprechen … Dem Tod mussten viele Raten entrichtet werden, die Krankheit forderte ihren Tribut, Subtraktion um Subtraktion.

Zeigte sich die menschliche Größe des Kardinals in jenen Stunden des Abnehmens, der Subtraktion, der Schwäche besonders? Erntete er am Ende seines Lebens, was er an Freundschaften und Beziehungen, an Loyalität und Respekt gesät hatte? Ein Mensch, der kraftvoll für sich gelebt hat, mag im Alter alleine sein; ein Mensch, der sein Leben in den Dienst an den Anderen gestellt hat, wird auf ein tragendes Netz zurückgreifen können. Zeigt sich die Größe von Kardinal Martini in seinem Selbstbild „Ich habe den Eindruck, im Leben nichts zustande gebracht zu haben"? Wie groß die

Versuchung doch ist, die Tiefe dieses Gedankens vorschnell wegzuwischen! Was zählt denn wirklich im Leben, das als undurchmessbares, nicht durch erlernte Sprachen, unternommene Reisen, bekleidete Ämter, geschriebene Bücher ermessen werden kann?

Damiano Modena hat sich auch mit der Frage beschäftigt, was man denn im Rückblick über das Leben eines Menschen sagen könne, und den erwähnten Punkt, dass wir Menschen kein abschließendes Urteil über einen anderen Menschen fällen können, bestärkt: „Im Nachhinein über einen Menschen zu schreiben, ist ein wenig wie das Aufräumen nach einem Fest. Die Tafel wird abgeräumt; die Reste auf dem Teller, von dem einer gegessen hat, sagen vielleicht etwas über seine kulinarischen Vorlieben. Wer im Nachhinein über einen Menschen schreibt, sammelt Krümel. Die wahre, die ewige Geschichte dieses Menschen vermag nur einer zu schreiben: Gott allein. Nur der Gottesgeist schafft die Bezüge zum großen Ganzen, die Zusammenschau: Was ein Mensch war und ist und sein wird."

Und mein dritter Vorschlag: Man kann sich der Frage nach dem guten Leben anhand von „Basisgütern" annähern; Basisgüter sind unverzichtbare Bestandteile eines guten Lebens. Was ist für ein gutes Leben unverzichtbar? Auch diese Frage verlangt nach gründlichem Nachdenken.

Philosophinnen und Philosophen würden vielleicht Dinge nennen wie „Anerkennung" oder „Bildung" oder „Gerechtigkeit". Andere würden unter den Grundgütern „Menschen- und Bürgerrechte" oder „soziale Grundlagen der Selbstachtung" verstehen. Der Rechtsphilosoph John Finnis versteht unter Basisgütern die Grundziele der menschlichen Existenz und nimmt auch Religion und die Erfahrung des Schönen in seine Überlegungen auf.

Der Ökonom Robert und der Philosoph Edward Skidelsky (Vater und Sohn!) haben sich in ihrem Buch *Wieviel ist genug?* der Frage nach dem guten Leben anhand von Basisgütern angenähert, „deren Fehlen als Unglück gilt". Sie halten Basisgüter nicht nur für Mittel oder Befähigungen zu einem guten Leben, sondern meinen: Basisgüter *sind* das gute Leben. Basisgüter sind allgemein, gut in sich, nicht Bestandteil anderer guter Dinge und für alle Menschen unverzichtbar. Sie nennen folgende Basisgüter: Gesundheit, Sicherheit (die berechtigte Erwartung eines Menschen, dass sein Leben weiterhin mehr oder weniger seinen gewohnten Gang gehen wird), Respekt (Ansichten und Interessen für beachtenswert halten), Persönlichkeit (so zu leben, wie es den eigenen Vorlieben, dem eigenen Temperament und der eigenen Vorstellung von dem, was gut ist, entspricht), Harmonie mit der Natur, Freundschaft und Muße.

So kann man an „Listen" basteln, wobei sich einerseits die Frage stellt, was man denn auf die Liste der Basisgüter setzen, und andererseits, was man denn unter den einzelnen Begriffen verstehen wollte (was bedeutet für dich „Gesundheit"? Was verstehst du unter „Freundschaft"?).

Eine andere Weise, sich dieser Frage anzunähern, besteht in der Erfahrung des Verlusts. Wann geht gutes Leben verloren? Amanda Lindhout beispielsweise hat die Erfahrung des Bösen gemacht; sie wurde im August 2008 für 460 Tage in Somalia entführt und gefangen gehalten. Sie büßte ihre Freiheit ein, später auch die körperliche Sicherheit, sie hatte nicht die Möglichkeit, Pläne zu machen, lebte im Ungewissen, wurde unter Druck gesetzt, bei der Erpressung von Lösegeld zu helfen. Sie oszillierte zwischen Angst, widerstandswilligem Zorn und resignativer Gleichgültigkeit. Was sie am Leben hielt, waren ihre Überlebensstrategien (etwa die Konversion zum Islam), die Hoffnung auf ein gutes Ende und die Fähigkeit, sich in ein inneres Haus ihrer Vorstellungskraft zurückzuziehen. Auch auf diese Weise treten Konturen eines Verständnisses des Guten hervor. Was hat, so könnten wir uns hoffentlich in weniger dramatischer Weise fragen, meinem Leben gefehlt, als ich es nicht als „gutes Leben" erleben konnte?

Freilich: Das Gute zu leben ist nicht allein eine Frage der Bereitstellung oder gar Konstruktion von Basisgütern. Es ergibt sich auch nicht in einer Ableitung aus einer Betrachtung des Lebens vom Anfang oder vom Ende her. Das Leben in seiner Fragilität kann nicht „nach Plan" konstruiert werden. Dennoch ist es hilfreich, über das gute Leben nachzudenken, um auf diese Weise einen Leuchtturm zu haben, an dem sich das Lebensschiff orientiert.

5
DIE SUCHE NACH
DEM GUTEN
Eine Zwischenbemerkung

Wenn wir ein gutes Leben leben wollen, richten wir uns nach dem Guten aus; Güter, so haben wir gesehen, sind wertvoll, kostbar, teuer. Sie werden dadurch zu einem Gut, dass sie zum Guten beitragen oder etwas Gutes verkörpern. Das Gute ist das, was wir leben wollen, aber auch das, worauf wir hinleben sollen. Es gibt dem Leben nicht nur Halt, sondern auch Richtung. Das Gute ist das, was um seiner selbst willen angestrebt werden kann; das Gute ist das, was „mit ganzem Herzen" verfolgt werden kann, also das, was mich mit starker Sorge erfüllt; das Gute ist das, was gute Frucht bringt, wie Jesus betont (Matthäusevangelium 7,16). Das Gute ist das, was ein „Mehr" an Leben und Liebe schafft und ermöglicht. Das Gute ist das, was Blühen ermöglicht und die Erfahrung: „Es blüht hinter uns her."

Das Gute ist dabei nach meinem Verständnis nicht völlig beliebig; ein kluger Mensch, so Thomas von Aquin, hat das Gute erkannt und richtet alle Entscheidungen auf dieses Gute hin aus; so ist auch entsprechendes Wachstum auf das Gute hin möglich. Das Gute erschließt sich dem Menschen, der ernsthaft sucht, der aus der Vergangenheit lernt (Thomas spricht hier von der „docilitas"), der Dinge im Zusammenhang sieht („circumspectio") und eine Weitsicht hat („providentia"), der aufmerksam und wach ist.

Das Gute erschließt sich der Person, die der Wirklichkeit ins Auge schaut, die keine Lüge lebt. Der amerikanische Psychiater Scott Peck hat „Menschen der Lüge" („people of the lie") beschrieben, Menschen, die sich dem Bösen, dem Lügenhaften zugewandt haben. Er beschreibt etwa eine Familie mit zwei Söhnen; die Eltern schenken dem älteren Sohn zu Weihnachten ein Gewehr, mit dem sich der junge Mann wenige Monate später selbst tötet; daraufhin schenken die Eltern dieses Gewehr dem jüngeren Sohn, der damit also das Gewehr seines Bruders bekommt – zu Scott Pecks großer Verstörung sahen die Eltern keine Schwierigkeit mit ihrem Handeln.

Das Gute „zeigt sich" dem Menschen, der sich auf die Suche begibt. Das Gute hat damit mit „Lebensernst" zu tun; das Gute zu leben, bedeutet, sich ersten und letzten Fragen zu stellen und ein ernsthaftes Leben zu führen.

Was ist ein ernsthaftes Leben? Der französische Filmemacher Claude Lanzmann, der den Film *Shoa* gedreht hatte, hat im Oktober 2010 in der *Wiener Zeitung* ein Interview gegeben und dabei gesagt: „Ich habe ein ernsthaftes Leben geführt. Einen Film wie ‚Shoah' zu drehen war ein gefährliches und großes Abenteuer, von dem ich nicht wusste, wohin es mich führen wird." Hier fällt also der bemerkenswerte Satz „Ich habe ein ernsthaftes Leben geführt."

Über André Nocquet, einen französischen Judoka, der um 1955 drei Jahre lang in Japan lebte, um dort bei einem Meister, Morihei Ueshiba, in die Schule zu gehen, wurde eine Biographie geschrieben, in der sich im Zusammenhang mit seiner Lehrzeit in Japan der Satz findet: „Dort lebte er ein demütiges und ernsthaftes Leben zu den Füßen des Meisters." Ein demütiges und ernsthaftes Leben. Ein Leben, das der eigenen Entwicklung gewidmet war.

Die Suche nach dem Guten ist die Suche nach dem, was in sich wertvoll ist und nicht durch etwas Anderes wertvoll gemacht wird. Dabei geht es mehr um die ernsthafte Suche, um das aufrichtige und ernsthafte Ringen als um die Möglichkeit, allgemeine Aussagen zu treffen. Das Gute ist das, worauf man ein Leben aufbauen kann, ein Fundament also, das trägt, und ein Ziel, das Orientierung gibt. Als ich zu Beginn des Buches sagte, dass die Erfahrung, Issa in den Armen zu halten, für mich nicht nur eine Erfahrung von heiliger Scheu war (du betrittst heiligen Boden), sondern auch eine Erfahrung, die „Gutes" in mir weckte, so meinte ich damit die Einsicht, dass das Gute das ist, was mich näher zum Leben, näher zum Anderen bringt. Das Gute ist das, was eine Ahnung von Leben in Fülle vermitteln kann; das, was ein „Mehr" an Liebe ermöglicht; das Gute ist auch das, das mich wachsen lässt und zum Blühen bringt.

6
WACHSEN

Ist es im Leben vorgegeben zu wachsen? So automatisch, wie man sich das vielleicht vorstellen möchte, erfolgt das Wachsen ja nicht. Eine Zunahme an Lebensjahren bringt nicht „von selbst" eine Zunahme an Reife mit sich.

Aber treten wir wieder einen Schritt zurück: Warum wachsen? Ronald Dworkin hat es als Ausdruck von Selbstrespekt angesehen, dass wir versuchen, uns zu entwickeln und etwas aus unserem Leben zu machen. Aus Gründen der Selbstachtung sollte ich dem Leben Form geben. Es ist, wie es Harry Frankfurt ausgedrückt hat, eine Form der Ernsthaftigkeit: Man nimmt sich selbst ernst, wenn man um Wachstum bemüht ist. Wenn man aufrichtig und ernsthaft darum bemüht ist, einen Weg zu finden und diesen dann auch zu gehen. Diese Formulierung ist in einem kulturellen Milieu, in dem Aspekte wie „Spaß" oder „Jugendlichkeit" hoch gehalten werden, nicht ganz leicht vermittelbar.

So könnte denn eine andere Frage in diesem Zusammenhang lauten: Warum erwachsen werden? Ja, warum sollen wir erwachsen werden? Peter Pan steht für ein Selbstverständnis ewiger Jugend, Dan Kiley hatte dafür den Begriff „Peter-Pan-Syndrom" geprägt, für die Weigerung, erwachsen zu werden. Damit geht vor allem Verantwortungslosigkeit einher. Warum erwachsen werden? Wäre es nicht verlockend und auch liebenswert, unerwachsen zu bleiben, „bubenhaft", „jugendlich"? P. G. Wodehouse hat mit „Onkel Fred" eine Figur eines liebenswerten Peter Pan geschaffen, der den bubenhaften Blick auf das Leben hatte, wie man ihn, so Wodehouse, von leicht angeheiterten Studenten erwarten kann. Warum wachsen?

Die in Berlin arbeitende amerikanische Philosophin Susan Neiman hat sich dieser Frage gestellt. Die Kultur, in der sie schreibt, will es Menschen nicht leicht machen, erwachsen zu werden; es ist ein Leichtes, sich stundenlang im Netz oder in den sozialen Netzwerken herumzutreiben, auf den Wellen des Virtuellen zu surfen, ohne jemals irgendwo anzukommen, etwas zu erledigen oder ein System konstruktiv in Frage gestellt zu haben. Daneben kann man unschwer eine Haltung von billigem Zynismus kultivieren, der gelangweilt meint, dass es nichts Neues unter der Sonne gäbe und auch nichts, wofür es sich zu kämpfen lohnte. Neiman weist im Sinne der Aufklärung auf die anspruchsvolle Schönheit hin, eigene Entscheidungen zu treffen, Verantwortung zu übernehmen, sich dem Leben zu stellen.

Durch Reisen, Lesen und Arbeiten erweitert man den eigenen Horizont und formt die Welt; man hat das Leben in die Hand genommen. Erwachsen zu werden bedeutet, ernsthaft Positionen zu erarbeiten und diese dann zu vertreten; erwachsene Menschen legen sich auch fest. Ihnen erschließen sich auch Seiten des Lebens, die denjenigen, die kindhaft ungebunden bleiben wollen, nicht zeigen können, wie etwa gelassene Souveränität. Es lohnt sich, erwachsen zu werden, weil das Leben sich dann in Tiefe und Fülle zeigt, mit Kanten und Spitzen. Es lohnt sich, erwachsen zu werden, weil man allein dadurch, dass man erwachsen wird, Fragen stellt, ohne in einem positionslosen Skeptizismus zu kreisen, Widerstand leistet gegen ein politisches wie wirtschaftliches System, das Menschen einlullt. Bildung, Arbeit und Reisen sind Erfahrungen, die es der Welt erlauben, einen Menschen zu prägen. So gesehen ist ein erwachsener Mensch nicht nur einer, der die Welt formt und das Leben in die Hand nimmt, sondern auch einer, der es dem Leben erlaubt, Spuren zu hinterlassen.

Hier zeigt sich wieder ein Aspekt, der mit Issa Grace zu tun hat: Es ist ein Zeichen von Reife, sich berühren zu lassen. Wir sind von Coetzees Schilderung eines Folterknechts, der sich im Roman *Warten auf die Barbaren* durch die Leiden seiner Opfer nicht rühren lässt, erschüttert. Es ist kein Zeichen von Reife, sich nicht berühren zu lassen; im Zuge der südafrikanischen Wahrheits- und Versöhnungskommission kam es zu einer bemerkenswerten Begegnung: Tony Yengeni, der gefoltert wurde, fragte Jeffrey Benzien, der ihn gefoltert hatte und im Zuge der Kommission von seinen Taten erzählte: „Was für ein Mensch sind Sie?" (What kind of man are you?") Was für ein Mensch ist jemand, der eine Foltermethode entwickelt hat, die Menschen unter Qualen Informationen herauspressen kann. Benzien antwortete: „Ich habe mich das selbst gefragt"; oder auch: Ich bin mir ein Rätsel. In dieser Begegnung geschah sicher nicht das, was man „Heilung" nennen könnte, aber doch ein Schritt auf dem Weg zu Berührbarkeit und der Anerkennung menschlicher Verletzlichkeit.

Wachstum kann auch als Hineinreifen in die eigene Verwundbarkeit verstanden werden. Das

Leben ist bluterfüllt und deswegen auch verletzlich. Verwundbarkeit wird mitunter als „capacity of being wounded", als die „Fähigkeit, verletzt zu werden", verstanden. Es ist ein tiefer Gedanke, Verwundbarkeit als Fähigkeit zu sehen und nicht bloß als Eigenschaft. Denn es ist durchaus eine Fähigkeit, dass man verwundbar ist, eine Fähigkeit, die manche erst mühsam lernen müssen. Je sicherer sich jemand im Sattel fühlt, umso länger dauert es, bis man sich die Fähigkeit der Verwundbarkeit aneignen kann. Das ist ein Bild von Wachstum, wie wir es bei Jean Vanier finden können, der seit 1964 mit Menschen zusammenlebt, die als schwer Behinderte dem Idealbild der Gesellschaft so gar nicht entsprechen.

Dieses Wachstumsideal („immer tieferes Verständnis und tiefere Akzeptanz der eigenen Verwundbarkeit") ist ein anderes als das Bild von Wachstum, das sich aus der Lektüre von Aristoteles' *Nikomachischer Ethik* ergibt. Aristoteles scheint Wachstum vor allem als Verwirklichung von Potentialen zu verstehen; ein Mensch hat also Möglichkeiten, die in ihm schlummern, und die Entwicklung dieses Menschen ist der Prozess der fortdauernden und möglichst umfassenden Realisierung dieser Potentiale. Menschen müssen gefördert werden, um ihre Talente zu entdecken und zu entfalten. Das ist ein bestimmtes Bild von Wachstum und Entwicklung.

Erik Erikson hat Reife im Vergleich dazu weniger individualistisch gesehen, sondern als die Fähigkeit und Bereitschaft, Verantwortung zu übernehmen. Wachstum zeigt sich, so könnte man den Gedanken ausdrücken, in der Fähigkeit, die Grenzen des eigenen Selbst auszuweiten und Verantwortung für Andere und Anderes zu übernehmen.

Wieder eine andere Vorstellung von Wachstum tritt uns entgegen, wenn wir an die Idee von Reifung denken, wie sie Johannes Cassian Anfang des fünften Jahrhunderts präsentiert: Wachstum hat für Cassian vor allem damit zu tun, Fehlhaltungen der Seele zu beherrschen, Fehlhaltungen wie Gier oder Stolz oder übertriebene Trauer, Zorn oder Maßlosigkeit. Ein Reifungsprozess ist demnach ein Weg hin zu schrittweiser Überwindung dieser Fehlhaltungen, wobei es nach Cassian keine Rolle spielt, wo man anfängt, da alle Fehlhaltungen miteinander verbunden sind. Wachstum bedeutet Befreiung der Seele von Dysfunktionalität; solange die Seele von besagten Fehlhaltungen geplagt wird, ist sie nicht gesund und kann sich nicht frei entfalten. Es lohnt sich, über diese Fehlhaltungen nachzudenken.

Das schwedische Wort „lagom" beispielsweise, das mit „ganz genau genug" übersetzt werden kann, beschreibt ein Heilmittel gegen die Gier; es lohnt sich, die Frage zu stellen, was denn in Bezug auf bestimmte Lebensaspekte „ganz genau genug" ist: Wie viele Schuhe, wie viele Krawatten, wie viele Urlaubstage, wie viele Stunden vor einem Bildschirm? Damit kann eine der gefährlichsten Fehlhaltungen, die Maßlosigkeit, adressiert werden.

Eine andere fundamentale Fehlhaltung ist nach Cassian der Stolz; auch hier lohnt sich ein genaueres Hinschauen: Die kanadische Literaturnobelpreisträgerin Alice Munroe beschreibt in einer Erzählung mit dem Titel *Stolz* Facetten dessen, was bei Johannes Cassian (verstanden als „superbia") als Fehlhaltung der Seele gilt. Ein reicher Bankdirektor lässt eine Bank pleite gehen, wird dann strafversetzt in ein kleines Dorf mit winziger Zweigstelle. „Sicherlich hätte er das ablehnen können, aber Stolz, war die Meinung, entschied anders. Stolz entschied, dass er sich jeden Morgen die sechs Meilen fahren ließ, um hinter einer Abtrennung aus dünnen, angestrichenen Brettern zu sitzen, nicht mal ein richtiges Büro." Diese schlichten Sätze drücken aus, dass „Stolz" nahe an „hohler Würde" sein kann, an der Pflege einer Fassade, an der Verweigerung, eine Niederlage einzugestehen. Ein reifer Mensch arbeitet an diesen Fehlhaltungen der Seele und wächst in dem Maße, in dem er sie in den Griff bekommt.

Bei Lawrence Kohlberg lässt sich eine weitere Variante des Nachdenkens über Wachstum verfolgen; er hat bekanntlich auf der Grundlage der Philosophie Kants Stufen der moralischen Entwicklung beschrieben, und zwar den Übergang von einer vorkonventionellen über eine konventionelle bis hin zu einer postkonventionellen Stufe. Auf einer vorkonventionellen Stufe folgen wir moralischen Erwartungen aufgrund von Angst, auf einer konventionellen Stufe haben wir Kenntnis der geltenden Regeln und wohl auch eine gewisse Einsicht in die Begründung dieser Regeln und halten uns an diese Regeln, weil dies erwartet wird. Die höchste Stufe moralischer Entwicklung wird nach Kohlberg dort erreicht, wo sich ein Mensch aus eigenen Stücken an selbstgewählte und selbstbegründete Prinzipien hält, selbst wenn er dadurch in Konflikt mit Konventionen gerät und Nachteile erfahren muss. Hier ist auch klar eine Richtung vorgezeichnet, ein Vergleich gesetzt, die Idee begründet, dass Menschen auf unterschiedlichen Wachstumsstufen stehen können. Dieses Bild von Wachstum, das James Fowler auf die Entwicklung des religiösen Glaubens angewendet hat, unterscheidet sich von Jean Vanier, Aristoteles, Erikson oder Johannes Cassian.

Ein eigenartiges Bild von Wachstum tritt uns an einer unscheinbaren Stelle des Markusevangeliums entgegen; wir lesen: „In aller Frühe, als es noch dunkel war, stand er auf und ging an einen einsamen Ort, um zu beten. Simon und seine Begleiter eilten ihm nach, und als sie ihn fanden, sagten sie zu ihm: Alle suchen dich. Er antwortete: Lasst uns anderswohin gehen, in die benachbarten Dörfer, damit ich auch dort predige; denn dazu bin ich gekommen" (Markusevangelium 1,35–38). Diese Stelle ist eigenartig und klingt nach einer vertanen Chance. Jesus hat sich in einer gewissen Gegend einen Ruf als Heiler und Prediger erworben; er könnte diesen Ruf systematisch erweitern und stufenweise seinen Radius erweitern und stetig in Wirkkreis und Ansehen wachsen. Eben das macht Jesus aber nicht! Er könnte auch mehr Zeit mit den Menschen verbringen und die Botschaft verkünden, er zieht sich aber in die Einsamkeit zurück.

Hier tritt uns ein Bild von Dienst entgegen, das nicht mit Begriffen wie „Strategie" oder „Lebensplanung" erfasst werden kann. Jesus ruft in seiner Botschaft zur „Metanoia" auf, das wird meist übersetzt mit „Umkehr" – tatsächlich ist aber ein

„Über das Gewohnte Hinausdenken" gemeint, das Ausrichten des Denkens auf etwas, was jenseits des bisher Vorgestellten liegt. Wachstum ist hier auch Wachstum der Vorstellungskraft, wie es in den Begegnungen mit Nikodemus (Johannesevangelium 3) oder mit der Frau am Jakobsbrunnen (Johannesevangelium 4) deutlich wird. Die Bilder für Wirken und Wachstum im Evangelium sind Senfkorn, Weizenkorn und Sauerteig. Ich möchte es so stehen lassen.

Jedenfalls ist immer wieder die Rede von „persönlichem Wachstum" oder „persönlicher Entwicklung". Das Bild ist hilfreich, weil es andeutet, dass das Leben eine Richtung haben kann und einer Reifungsaufgabe dient, gibt aber nicht die Art des Wachstums an. Es lohnt sich, über diese Richtung nachzudenken. Dazu kommt, dass Wachsen nicht geradlinig erfolgt. Wir haben schon im Zusammenhang mit Lebensplänen gesehen, dass Menschen, die ohne jede Krise durchs Leben gehen, auch etwas Unheimliches an sich haben. Wachstum ist nicht nur ein Bauen mit schön behauenen Steinen, sondern auch ein Arbeiten mit Fragmenten, mit Bruchstücken, mit den berühmten Steinen, die die Bauleute verwarfen (Buch der Psalmen 118,22).

Ein letztes Bild von Wachstum möchte ich noch einbringen, das Bild der Polyglottie, das Bild der Vielsprachigkeit. Ein polyglotter Mensch ist ein Mensch, der mehrere Sprachen spricht. „Wachstum", so der Vorschlag, besteht darin, viele Sprachen der Liebe zu beherrschen, „vielsprachig" zu werden in Sprachen der Liebe.

Jeder Mensch will auf je eigene Weise geliebt werden; einen Menschen zu lieben heißt, tätige Sorge um das Wohl des Menschen zu zeigen, Zeit mit dem geliebten Menschen zu verbringen, in ihm einen besonderen Wert zu sehen, der sich nur dem liebevollen Blick erschließt. Jeder Mensch will auf je eigene Weise geliebt werden – manche Menschen liebt man durch eine Kultur des Schweigens, andere durch eine Kultur der Beredsamkeit, manche Menschen liebt man durch förmliche Höflichkeit, andere durch kumpelhaften Umgang.

Die englische Philosophin Iris Murdoch hat einmal geschrieben, dass das Lieben eines Menschen vergleichbar sei mit dem Erlernen einer Fremdsprache; man brauche Ausdauer und Geduld, Demut und Selbstvergessenheit. Man müsse sich also den Regeln der Sprache unterwerfen und die Sprache ohne steten Bezug auf sich selbst mit einer gewissen „Selbstvergessenheit" lernen. Ähnlich verhalte es sich, wenn man einen Menschen liebt: Man muss sich demütig an Regeln halten, in einer gewissen Selbstvergessenheit aufgehen und Geduld haben.

Eltern, die ein Kind aufziehen, das auf dem Autismusspektrum diagnostiziert worden ist, berichten immer wieder, dass sie lernen mussten, wie man das Kind liebt. Sheila Barton beispielsweise berichtet, dass sie lernen musste, ihren autistischen Sohn Jonathan, wenn er einen Anfall hatte und stundenlang mit dem Kopf gegen die Wand schlug, nicht in den Arm zu nehmen, nicht zu berühren, nicht mit ihm zu reden – das hätte die Situation nur verschärft. Sie musste lernen, sich neben den Sohn zu setzen, aber nicht zu nahe, sein Toben auszuhalten und dann leise zu singen zu beginnen. Das ist ein Teil des „Wortschatzes" in der Sprache der Liebe zu Jonathan.

Issa Grace hat Menschen unter anderem dadurch verwandelt, dass sie sie eingeladen hat, eine je neue Sprache der Liebe zu lernen. Man liebte Issa nämlich nicht dadurch, dass man sie sanft in ein Bett gelegt und mit einem Schlaflied zum Einschlafen gebracht hat, um dann auf Zehenspitzen das Zimmer zu verlassen – nein, Issa musste gehalten werden! Man liebte Issa nicht dadurch, dass man

Pläne über Urlaubsfahrten schmiedete oder sich Gedanken über mögliche Kindergärten und Schulen machte; nein, Issa liebte man von Augenblick zu Augenblick, ohne einen fassbaren Planungshorizont. Issas Situation lud Menschen ein, kreativ zu werden auf dem Weg der Liebe. Eine Schulfreundin von Issas Mutter Felicia hatte einen Strauß Rosen für Issa geschickt und dazu geschrieben: „Jedes Mädchen, jede Frau sollte zumindest einmal in ihrem Leben Rosen bekommen." Und sie hat Issa eingeladen: „Issa, smell the roses!" „Issa, riech an den Rosen." Das war eine kreative, die Eltern tief berührende Geste.

Menschliches Wachstum, so die Idee, besteht darin, vielsprachig zu werden in den Sprachen der Liebe, mit besonderem Blick auf den besonderen Menschen die je eigene Sprache zu lernen. Darin besteht, um es in aller Kürze und Deutlichkeit zu sagen, das Gute: Das Gute ist die Liebe, das, was Liebe schafft und durch die Liebe geschafft wird.

7
AUF DAS EIGENE LEBEN SCHAUEN

Einen liebevollen Blick sollten wir auch auf das eigene Leben richten können. Das ist der Kern der Freundschaft mit sich selbst und wie jede andere Freundschaft will auch die Freundschaft mit mir selbst gepflegt sein; dazu bedarf es geschützter Orte und Zeiten, kurz: Momente der Ruhe, des Nachdenkens.

Eine gute Freundschaft ermöglicht aufrichtige, am Wachstum des Anderen interessierte Kritik, weil ein fundamentales „Ja" zum Anderen gesagt worden ist. Dann stellt ein kritisches Wort nicht die Beziehung als solche in Frage. Ähnlich verhält es sich auch in der Freundschaft mit mir selbst: Wenn ich „Ja" zu mir sagen kann, dann ist auch aufrichtige Selbstkritik möglich. Jorge Mario Bergoglio, der spätere Papst Franziskus, hat im Jahr 1984 einen Aufsatz *Über die Selbstanklage* geschrieben, über die Fähigkeit und Bereitschaft, in schwierigen Situationen den Fehler nicht reflexartig bei Anderen zu suchen, sondern zunächst behutsam bei sich selbst zu schauen. Dabei ist „Selbstanklage" nicht als Selbstzerstörung zu verstehen, wie sich Selbstanklagen etwa im totalitären China Maos darstellten, sondern als Einstellung, in aller Reife auch Verantwortung zu übernehmen und selbstkritisch mit sich umzugehen. Das setzt dieses fundamentale „Ja" zu mir selbst voraus. Deswegen ist es sinnvoll, sich darüber Gedanken zu machen, wie wir auf unser Leben blicken können.

Diese Kunst, den Blick auf das eigene Leben zu richten, ist nicht selbstverständlich; manche blicken auf ihr Leben durch die Brille von tabellarischen Lebensläufen; andere sehen vor allem das, was fehlt, das, was nicht gelungen ist. Es gibt viele Perspektiven auf das eigene Leben. Man könnte unser Leben mit einer Stadt vergleichen, jeder Lebensabschnitt ist wie ein Stadtviertel, das wir eine Zeitlang bewohnen, mit eigenem Charakter und unverwechselbarem Charme. Jede gute Beziehung ist wie ein Haus, in dem wir in diesem Viertel ein- und ausgehen, jede gemeinsame Erinnerung wie ein Möbelstück in diesem Haus. Im Laufe eines Lebens kommen viele Begegnungen und Erfahrungen zusammen. Sie könnten von verschiedenen Standpunkten aus betrachtet werden.

Ein spannendes Thema in diesem Zusammenhang ist das literarische Genre der Autobiographie. Wie beschreibt man das eigene Leben? Grundsätzlich gilt, dass jedes Leben erzählwürdig und beschreibenswert ist! Imre Kertész hat für seine Autobiographie *Dossier K.* die Form eines Interviews mit sich selbst gewählt. Man kann eine Autobiographie auch anhand von geschriebenen oder erhaltenen Briefen, anhand von Gegenständen im eigenen Zimmer, anhand von Schlüsselbegegnungen oder entscheidenden Momenten schreiben.

Man kann eine Autobiographie auch dadurch fertigstellen, dass man über den eigenen Körper schreibt, wie dies Daniel Pennac oder Paul Auster gemacht haben. Pennac erzählt in seinem Buch *Der Körper meines Lebens* von einem Mann, der in der Kindheit begonnen hat, ein Tagebuch über seinen eigenen Körper zu schreiben. Paul Auster wiederum hat im Alter von 66 Jahren ein Buch (*Wintertagebuch*) vorgelegt, in dem er eine Autobiographie seines eigenen Körpers schreibt, Narbe für Narbe. Jede „Erlittenheit" am eigenen Körper erzählt etwas von der eigenen Lebensgeschichte, von Situationen und Menschen, die darin vorkommen. Akribisch wie ein Buchhalter erstellt Auster eine Liste von 21 „Lebensorten" seines Körpers. Der Körper, auch das eine Einsicht Austers, hat seine eigene Weisheit, weiß etwa mehr über das Altern und das Altwerden als der Geist.

Einen ganz anderen Weg, eine Übung in Introspektion, hatte Augustinus Ende des vierten Jahrhunderts eingeschlagen und eine Autobiographie vorgelegt, die sich mit den Bewegungen und Regungen seiner Seele, also dem Inneren, beschäftigte. Besonders fasziniert war Augustinus vom Gedächtnis: Welche Schätze ein Mensch mit sich herumträgt, wenn er nur all die Erinnerungen bedenkt! Erinnerungen sind Erfahrungen, die Teil des Inneren geworden sind. Man kann sich das auch anhand der eigenen Kindheitserinnerungen vorstellen. Diese Kindheitserinnerungen können wie Steine sein, die die Vorstellungskraft nach unten ziehen. Susanna Tamaro beschreibt in ihrer beklemmenden Autobiographie *Ein jeder Engel ist schrecklich*, in der sie von ihrer weitgehend lieblosen Kindheit erzählt, eine frühe Kindheitserinnerung: Sie sieht ihren Bruder, der in einem Kinderstuhl am Tisch sitzt, durch eine Ohrfeige des Vaters umkippen und aus ihrem Gesichtsfeld verschwinden. Man kann nur erahnen, was das mit einem Menschen macht, wenn er zum Zeitpunkt des Schuleintritts mit Erinnerungen dieser Art belastet ist.

So gibt es viele Blickwinkel auf das eigene Leben; ich möchte vier Perspektiven vorschlagen, die wir an unser Leben herantragen könnten, wenn wir über unser Leben und darüber, wie wir es leben, nachdenken wollen: Das Gute zu leben bedeutet, unser Leben als vorfahrengerechtes, enkeltauglisches, feindgeachtetes und gottgefälliges zu leben versuchen.

Ein „vorfahrengerechtes" Leben weiß sich in einer Geschichte von Ahnen und Menschen, die den Weg des Lebens bereits zurückgelegt haben. Hier sind Erwartungen und Hoffnungen, vielleicht auch Belastungen und Konflikte, die in mein eigenes Leben hineinreichen. Hier kann ein Lebensauftrag darin bestehen, etwas zu lösen, zu bereinigen, mit quälendem Gift aus der Familiengeschichte abzuschließen. John Burnside hat in seiner Autobiographie *Lügen über meinen Vater* mit seinem Vater („Er ist brutal, ein Großmaul, ein schwerer Trinker, ein Tyrann") abgerechnet. Man kann sich vorstellen, wie viel an Heilungsarbeit hier notwendig ist, um trotz dieses Vorfahren gut leben zu können. Eine andere Frage: Was heißt es dereinst für Issa Graces Nichten und Neffen, vorfahrengerecht zu leben?

Ein „enkeltaugliches" Leben ist ein solches, das den Nachkommen den Weg bereitet und nicht Lebenschancen einschränkt – etwa durch Schuldenberge oder dadurch, dass nachkommende Generationen durch das eigene Leben belastet werden. Ein enkeltaugliches Leben hat auch mit einem umweltfreundlichen Leben zu tun, mit einem Gehen auf ökologischen Zehenspitzen. „Leben mit Blick auf die eigenen Enkel" kann eine Form der Lebenskunst sein. Das hat auch damit zu tun, sich gut zu überlegen, welche Lasten man kommenden Generationen aufbürdet. Saskia Jungnikl hat ohne Sentimentalität beschrieben, was der Suizid ihres Vaters im Juli 2008 mit ihr, einer siebenundzwanzigjährigen Frau, gemacht hat. „Seit diesem Tag trinke ich schwarzen Tee mit Milch." Ihr fast siebzigjähriger Vater hat sich erschossen, „ich werde mich nie erschießen … Ich glaube, wer einmal gespürt hat, was ein Suizid für die Hinterbliebenen bedeutet, wird sich selbst nicht töten." Das ist natürlich nur ein Aspekt eines enkeltauglichen Lebens, mag aber verdeutlichen, dass ein Mensch gerade kein inselhaftes Individuum ist, sondern Person, die Beziehungen prägt und von Beziehungen geprägt wird.

Ein „feindgeachtetes" Leben ist ein Leben der Geradlinigkeit und Aufrichtigkeit, das ernsthaft an dem, was man als „gut" erkannt hat, festhält, selbst wenn man dafür Nachteile in Kauf nehmen muss – ein solches Leben erfüllt selbst Menschen, die einem nicht wohlgesonnen sind, mit Respekt. Ich will ein harmloses Beispiel nennen: Der amerikanische Theologe Avery Dulles schrieb einmal eine Rezension zu David Tracys Buch *Blessed Rage for Order*. Auf dreizehn Seiten listet er alle Schwierigkeiten auf, die er mit dem Buch hat, lässt sozusagen kein wesentliches Element des Buches gelten; aber er hält fest: Es ist ein außergewöhnlich gutes Buch, das zurecht einen großen Einfluss auf die theologische Diskussion haben wird. Das ist, wenn man so will, ein Aspekt von „feingeachtet".

Ein „gottgefälliges" Leben schließlich ist ein Leben, das vor den liebenden Augen Gottes bestehen kann. George Müller (1805–1898) etwa hatte in jungen Jahren den Entschluss gefasst, nie für ein Gehalt zu arbeiten und nie jemandem von seiner finanziellen Situation zu erzählen, sondern sich in seiner Arbeit als Prediger und Waisenhausleiter allein von Gottes Vorsehung leiten zu lassen. Dieses eindrucksvolle Leben vermittelt einen Sinn von Gottgefälligkeit. Ein gottgefälliges Leben hält den liebevollen Blick Gottes aus – ich möchte mir das so vorstellen: Ich kenne das Gefühl, einem Menschen, sagen wir, unnötige Geheimniskrämerei zu unterstellen und mich über diesen Menschen zu ärgern und später dann zu verstehen, dass dieser Mensch liebevoll eine Überraschung geplant hatte. An diesem Gefühl der Beschämung ob der zu Unrecht erfolgten Unterstellung will ich ansetzen: Wie beschämt werde ich sein, wenn ich erkenne, wie es von Gott gemeint war! Wie beschämt werde ich sein, wenn ich mein Leben unter dem liebenden Blick Gottes anschaue und erkennen muss, wieviel Selbstsucht am Werk war, wieviel Gemeinheit auch, echte und rohe Gemeinheit. Ein gottgefälliges Leben kann, wie es Bruder Laurentius beschrieben hat, den liebenden Blick Gottes aushalten.

Das Gute zu leben, so die Idee, besteht auch im Versuch, ein vorfahrengerechtes, enkeltaugliches, feindgeachtetes und gottgefälliges Leben zu führen – mag es zudem „menschenfreundlich" sein!

8
DIE REISE ZUM GLÜCK

Der französische Psychiater François Lelord hat in einigen wunderbaren Romanen die Suche des kleinen Hector nach dem Glück und dem guten Leben beschrieben. Es ist sicherlich eine fruchtbare Aufgabe, über die eigene Suche nach dem Glück, über die eigene Reise nach dem, was man als „gut" erfahren hat, nachzudenken. Der kleine Hector macht bestimmte Erfahrungen, er hat bestimmte Begegnungen und dann auch Einsichten. So geht es uns allen. Das Glück hat insofern viel mit dem Guten zu tun, als es ein „Ja" zum Leben besagt. Glück ist die Fähigkeit und Bereitschaft, das eigene Leben bejahen zu können. Dabei können tiefes Glück und tiefe Traurigkeit durchaus nebeneinander erfahren werden. Als ich meinen Vater nach dessen Tod verabschiedete, war die glückgebende Dankbarkeit ebenso Teil dieser Erfahrung wie die tiefe Trauer. Issa Grace hat ihren Eltern tiefes Glück und tiefe Traurigkeit in einem beschert, untrennbar sozusagen. Glück ist also ein anspruchsvoller Begriff und nicht einfach eine „frohe Stimmung".

Ich möchte ein paar Meilensteine meiner Suche nach dem Glück mit ein paar Stichwörtern darstellen – nicht, weil ich glaube, dass mein Leben so interessant wäre, aber einerseits, um ein Beispiel zu geben, wie dieses Nachdenken über die eigene Reise nach dem Guten aussehen kann, andererseits, weil sich in einem einzelnen Leben auch allgemeine Aspekte erkennen lassen. Ich bitte um Entschuldigung für diesen autobiographischen Ausflug, er soll weniger „sagen" und mehr „zeigen". Meine Reise nach dem Glück will ich in sieben Stichwörtern darstellen: Lärchenwald, Pfandl, Axams, Innsbruck, Maryknoll, London, Lärchenwald.

Lärchenwald

Ich bin in Bad Ischl im Salzkammergut aufgewachsen; neun Jahre lang haben meine Eltern, mein Bruder und ich (zur Miete) in einem einfachen, schönen Haus gewohnt, eine große Wiese in der Nachbarschaft, Blick auf den Bad Ischler Hausberg, ein großer Garten mit alten Bäumen. Neun Jahre lang konnten sich mein Bruder und ich frei bewegen, Fußball spielen, die Insektenwelt erkunden, Kirschen pflücken und die Kirschkerne strategisch ausspucken. Nach neun Jahren – ich war zwölf Jahre alt – mussten wir dieses Haus verlassen, weil es die Eigentümer benötigten. Damit war meine Kindheit zu Ende. Die Zeit im Lärchenwald steht für mich für beglückende Kindheitsjahre mit dem Stichwort: Sich frei im geschützten Eigenen bewegen können.

Glück hat für mich damit zu tun, mich frei im geschützten Eigenen bewegen zu können. Die Möglichkeit, frei herumzulaufen, Natur zu erkunden, ist ein bedrohtes Gut. Der Begriff „Naturdefizit" greift in der Kindheitsforschung um sich („natur deficit syndrom" nach Richard Louv); Jay Griffiths hat gezeigt, dass viele Flächen, die in England für das freie Herumstreunen („roaming around") zur Verfügung standen, verschwunden sind – eingezäunt oder zubetoniert. Viele Kinder finden es schwer, sich frei bewegen zu können; noch dazu im „geschützten Eigenen" – in einem geborgenen und behüteten Raum; der Garten im Lärchenwald war eingezäunt und vor der Straße auf der einen Seite geschützt, an den anderen drei Seiten grenzten Gärten und eine Wiese an. Mein Bruder und ich hatten das Gefühl – nicht um Mietvereinbarungen wissend –, im Eigenen zu sein, in einem Raum, von dem wir nicht verdrängt werden konnten. Dieses

Gefühl von Sicherheit („bleiben und wachsen können") war für mich eine Erfahrung von Glück.

Pfandl

Pfandl ist ein kleiner Ort neben Bad Ischl; mein Onkel war dort Direktor der Volksschule, leitete das örtliche Bildungswerk und ermöglichte es mir, während meiner Schulzeit den ersten öffentlichen Vortrag zu halten. Das war eine Entdeckung! Die Freude, einen Vortrag ausarbeiten und halten zu dürfen. Für mich war dies die Entdeckung dessen, was man eine „erfüllende Tätigkeit" nennen könnte. Aristoteles hat das Gute als anspruchsvolles Glück über die erfüllenden Tätigkeiten beschrieben. Erfüllende Tätigkeiten haben, wenn ich darüber nachdenke, vier Eigenschaften: Sie sind anspruchsvoll, das heißt, sie können nicht „einfach so" begonnen werden, da bedarf es einer Vorbereitungs- und Übungszeit, hier haben wir es auch mit einer Hemmschwelle zu tun. Der Vortrag bescherte mir auch Aufregung, verlangte Vorbereitung ab und brachte das „Fracksausen" mit sich, das bei solchen Gelegenheiten, wenn man sie ernst nimmt, unvermeidlich ist. Hier war also eine Hemmschwelle.

Dieses Moment einer Schwelle bei anspruchsvollen Tätigkeiten war auch die Erfahrung von

Ignatius von Loyola. Er lag, nachdem eine Kanonenkugel im Jahr 1521 sein Knie zertrümmert hatte, im Krankenbett auf seinem Schloss in Loyola. Es gab wenig zu lesen, er hatte eigentlich nur die Wahl zwischen Dreigroschenromanzen und der Bibel; seine Beobachtung war folgende: Der Griff zum Billigroman erfolgte rasch, ohne Schwelle, das Heftchen las sich leicht, aber danach verspürte Ignatius eine Leere, das Gefühl „Was habe ich mit meiner Zeit gemacht?" Bei der Bibel war es anders. Hier war eine Schwelle gegeben, es bedurfte einer gewissen Überwindung, die Bibel in die Hand zu nehmen und sich durch einen Text zu arbeiten, aber nach der Lektüre war das innere Gefühl ein Gefühl der Zufriedenheit, Erfüllung, der Tiefe. Diese Beobachtung kann vielleicht als ein erster Anhaltspunkt für das Verständnis von erfüllenden Tätigkeiten verwendet werden: Sie sind anspruchsvoll, hier haben wir es mit einer Schwelle zu tun, die überwunden werden muss.

Ein Zweites: Eine erfüllende Tätigkeit ist erweiterbar; das bedeutet, man kann in der Ausübung der Tätigkeit besser werden, man kann wachsen, die Qualität und Exzellenz steigern; die Tätigkeit ist nach oben hin offen, hier gibt es keinen Plafond, der erreicht werden kann. Beispiele für erfüllende Tätigkeiten sind Kochen (im Unterschied zum Aufwärmen eines Tiefkühlprodukts), Filmemachen (im Unterschied zum Fernsehen), aber auch Musizieren, das Fußballspielen, das Schreiben eines Romans, das Arbeiten an einem philosophischen Buch, handwerkliches Arbeiten, künstlerische Tätigkeit. Alle diese Tätigkeiten sind erweiterbar. So erging es mir auch mit meiner Vortragserfahrung – das Halten eines Vortrags kann verbessert werden, kann auch immer wieder anders angegangen werden, hier gibt es Spielräume für „Besseres" und „Anderes".

Drittens: Erfüllende Tätigkeiten sind ergebnissetzend. Am Ende des Vortragens hatte ich einen Vortrag gehalten, am Ende des Kochens steht eine Mahlzeit, am Ende des Musizierens hat man eine Aufführung geschaffen, das Ergebnis des Malens kann ein Bild sein, am Ende des Tischlerns mag ein Tisch stehen … Erfüllende Tätigkeiten bieten etwas, das als „Resultat" im Ganzen betrachtet werden kann, selbst wenn es nicht „bleibt" (ein Musikstück „bleibt" nach der Aufführung in anderer Weise als ein Tisch, ein Vortrag „bleibt" in anderer Weise als eine Mahlzeit).

Und schließlich: Erfüllende Tätigkeiten haben die Eigenschaft, „stiloffen" zu sein. Das bedeutet, dass sie – gerade auch aufgrund des Spielraums, den sie bieten – die Möglichkeit eröffnen, einen je eigenen Stil zu entwickeln. Meine Frau kocht anders als unser Nachbar, der für die „cucina italiana" schwärmt. Mein Freund Rudolf arbeitet anders mit Holz als mein Freund Johannes. Meine Art, Vorträge zu halten, unterscheidet sich von der Vortragstechnik meines mit gefinkelter Technik arbeitenden Kollegen von der Medizin. Dieses Gefühl, etwas zu tun, das nur ich in dieser Weise tun kann, hat etwas Erfüllendes. Das war meine Entdeckung in Pfandl – erfüllende Tätigkeit als anspruchsvoll, erweiterbar, ergebnissetzend und stiloffen.

Axams

Axams ist die dritte Station bei meiner Suche nach dem Glück: Ich war das erste Mal in meinem Leben bei einem internationalen Treffen mit Teilnehmenden aus siebzehn Nationen, mehrere Sprachen wurden gesprochen, viele Kulturen eingebracht. Das war eine unvergessliche Erfahrung, ermöglicht durch den unvergesslichen Pater Anton; und diese Erfahrung steht für mich für „Weite" und „Möglichkeitssinn". Es gibt Schlüsselmomente, in denen eine neue Welt aufbricht. Hier zeigt sich eine Weite von Welt und das, was Robert Musil den „Möglichkeitssinn", den „Sinn für Möglichkeiten" genannt hat, nämlich die Fähigkeit, zu sehen, dass Dinge anders sein könnten, als sie sind. „Es könnte auch anders sein" ist dann nicht einfach eine Feststellung, sondern eine Ahnung, ein Hoffnungs- und Sehnsuchtssatz, eine Aussage, die zum Ausdruck bringt, dass der Ist-Zustand nicht fixiert ist, sondern auch verflüssigt und verwandelt werden kann.

Das war meine Erfahrung in der Begegnung mit jungen Menschen aus anderen Kulturen und Sprachkreisen; andere Gedanken, Gewohnheiten, ein anderes Lebensgefühl – all das weckte in mir die Einsicht: „Es könnte anders sein"; diese Einsicht hat etwas Befreiendes. So steht „Axams" für mich für die Entdeckung von Weite und Möglichkeitssinn als glücksstiftende Pfeiler eines Lebensgefühls.

Innsbruck

Ein vierter Meilenstein bei meiner Glücksreise: Innsbruck. Hier hatte ich den ersten Arbeitgeber und hier erhielt ich meine erste Stelle an der Universität als Studienassistent. Die Erfahrung, in das Arbeitsleben eingebunden zu sein, war die Erfahrung einer „Verankerung". Ich hatte Kolleginnen und Kollegen, Freundschaften entwickelten sich, ein soziales Netz baute sich auf. Die Tätigkeit an der Universität war eine Lebensform, eine Gesamtpaket an Begegnungen und Tätigkeiten; ich hatte nun eine gute Antwort auf die Frage „Was machst du (beruflich)?", ich war eingestiegen in eine Lebensform – da gab es Arbeiten am Schreibtisch und Seminare, Sitzungen und Kongresse, Veranstaltungen, die wir selbst organisierten, das Schreiben von Artikeln und Büchern, Einladungen an andere Universitäten. Besonders erfüllte mich der Kontakt mit den Studierenden, die mir auch das Gefühl vermittelten, ihnen etwas „geben" zu können. „Innsbruck" steht damit für mich für das Glück einer Verankerung, für das Glück, Arbeit zu haben, einen Dienst zu tun, eine Lebensform aufzubauen, in eine soziale Welt einzutauchen.

Maryknoll

Maryknoll wird mein fünfter Meilenstein sein: Maryknoll ist ein kleiner Ort im Staat New York, in dem eine theologische Hochschule angesiedelt ist. Ich lernte im Sommer 1994 meine Frau Maria kennen und verbrachte dann, kurz nachdem wir zusammengekommen waren, einen Monat an einer Sommeruniversität in Maryknoll. Es waren einige der beglückendsten (und auch schmerzvollsten)

Wochen meines Lebens – verliebt zu sein, die Erfahrung tiefer Liebe zu haben und gleichzeitig vom geliebten Menschen getrennt sein zu müssen. Wie ich schon im Vorwort sagte: Ich glaube nicht an Liebe ohne Tränen, an tiefe Liebe ohne die Möglichkeit tiefen Schmerzes.

London

Im Jahr 2005 wechselte ich von der Universität Salzburg an die Universität London und war dort zunächst wirklich unglücklich, zumal meine Familie aus verschiedenen Gründen nicht mitkommen konnte und mein Vater einen Schlaganfall erlitten hatte. Diese Erfahrung tiefen und richtigen Unglücklichseins ist für mich auch ein wichtiger Meilenstein auf der Suche nach Glück; im Psalm 16 heißt es „Viele Schmerzen leidet, wer fremden Göttern folgt" (Buch der Psalmen 16,4). Ich war maßlosem Ehrgeiz, Arroganz, Leichtsinn und Selbstüberschätzung gefolgt – fremden Göttern also. Eine mühsame, aber lehrreiche Erfahrung. Ich erinnere mich noch, wie ich an meinem Schreibtisch in London saß, die Familie weit weg (unser jüngster Sohn Jonathan damals ein Kleinkind), und unfähig war, eine Zeile zu lesen oder eine Zeile zu schreiben. Es war wie ein Schockzustand. Auch hier eine Frage im Nachdenken über das Gute: Wann und warum und wie habe ich tiefes Unglück erlebt?

Lärchenwald

Lärchenwald als siebte Station rundet diese Reise zunächst einmal ab: Wenn ich heute nach Bad Ischl komme, fahre ich manchmal an „unserem Haus" in der Lärchenwaldstraße vorbei; das Haus wurde umgebaut, der Garten ist nicht mehr wiederzuerkennen, die alten Bäume wurden umgesägt, die Wiese vor dem Haus ist mit anderen Häusern zugebaut. Kurz, es ist nicht mehr das, was es war, es ist nicht mehr wiederzuerkennen. Aber: Die Erinnerung an das Haus im Lärchenwald, wie ich es erlebt habe, diese Erinnerung kann mir niemand nehmen; ich trage sie mit mir. Und manchmal, wenn ich nicht einschlafen kann, gehe ich in Gedanken durch die Zimmer dieses Hauses, das es so nicht mehr gibt. Dieses „Innere", diese „Innerlichkeit", dieser innere Reichtum an Erinnerungen und Gefühlen, Vorstellungen und Gedanken, das kann mir nicht genommen werden; es ist für mich ein wesentlicher Bestandteil meines Glücks, „in mich" gehen zu können (ein wenig zu verweilen, um dann wieder in die laute Welt hinauszugehen).

Diese Reise nach dem Glück ist natürlich meine persönliche; aber einige allgemeinere Überlegungen können daran angeschlossen werden: sich frei im geschützten Eigenen bewegen zu können; erfüllende Tätigkeiten auszuüben; Weite und Möglichkeitssinn zu sehen; eine Verankerung im Leben zu erfahren; tiefe Liebe zu kennen; den Schmerz fremder Götter zu erfahren; die Ausbildung von inneren Reichtümern und Innerlichkeit. Letzteres ist auch ein „Ort", an dem die Freundschaft mit mir selbst gepflegt werden kann.

9
GEBRAUCHSANWEISUNG FÜR MICH SELBST

Ich hatte einmal die Idee zu einem Buch, das ich wahrscheinlich nie schreiben werde – Anlass war die für mich unangenehme Frage meiner Tochter, ob sie gemeinsam mit anderen bei einer Freundin übernachten dürfe. Sie meinte: „Es ist heute Abend auch eine Party, da frage ich erst gar nicht, ob ich hingehen darf." Ich sagte meiner Tochter, dass sie das anders hätte anstellen sollen: „Frag mich zuerst nach der Party, dann werde ich erleichtert sein, wenn es nur darum geht, bei einer Freundin zu übernachten … Das ist eine Frage der Gebrauchsanweisung ‚So gehe ich mit meinem Vater um, der sich um mich sorgt.'"

Ignatius von Loyola hat einmal einen Text über den rechten Umgang mit Vorgesetzten verfasst. Er sagt, dass man sich genau überlegen müsse, was man wolle, dies mit guten Argumenten in einer respektvollen aber ergebnisoffenen Art präsentieren und dann die Entscheidung des Vorgesetzten zunächst für einige Wochen akzeptieren solle. Das ist eine Frage der „Gebrauchsanweisung".

Natürlich ist ein Mensch kein Staubsauger und natürlich reicht es auch bei einem Staubsauger nicht, zu wissen, welche Knöpfe man drücken muss, um das Haus sauber zu halten, aber dennoch ist die Frage nach einer Gebrauchsanweisung für mich selbst eine Überlegung wert. Ich habe etwa bei einem Lehrgang eine Dame kennengelernt, die sich beim Frühstück fernab der anderen hingesetzt hat, weil sie in der Früh nicht ansprechbar war; das war kein böser Wille und das war keine Charakterschwäche, sondern eine Eigenart. Ich habe es nicht gern, in Morgenstunden, etwa am Bahnsteig, „small talk" machen zu müssen. Das ist keine Bosheit, sondern eine Eigenart. Daraus ergeben sich Anhaltspunkte für „den rechten Umgang mit mir". So ergibt sich die Frage: Wenn ich eine Gebrauchsanweisung für mich selbst verfassen würde, was würde ich nennen? Das ist eine unverblümte Einladung!

Es lohnt sich, an einer „Gebrauchsanweisung für mich selbst" zu arbeiten; es lohnt sich dann auch, einer solchen „Gebrauchsanweisung" im Umgang mit sich selbst zu folgen; wenn ich weiß, dass ich morgens am besten arbeiten kann, werde ich mein Leben danach ausrichten; wenn ich weiß, dass ich an einem Tag zwischendurch immer wieder Momente für mich alleine brauche, werde ich dies zu berücksichtigen versuchen. Die Kunst, mit sich selbst befreundet zu sein, ist Teil der Kunst, sich selbst zu kennen und das zu fördern, was mein Blühen fördern kann. Hilfreich kann es da auch sein, einen „Brief an mich selbst" zu schreiben.

Aristoteles hat ein Buch *Nikomachische Ethik* für seinen Sohn Nikomaches geschrieben; wie würde eine „Selbstethik", eine „Ethik für mich selbst" aussehen? Mich erinnert diese Frage an einen Brief, den Rainer Maria Rilke am 17. Februar 1903 an Franz Xaver Kappus geschrieben hat; Rilke war damals bereits ein bekannter Dichter, Kappus ein junger Mann, der Gedichte schrieb und Rilke in einem Brief gefragt hatte, was dieser von seinen Texten halte. So entstand ein Briefwechsel, der unter dem Titel *Briefe an einen jungen Dichter* veröffentlicht wurde. Rilke schrieb sehr behutsam an den noch nicht zwanzigjährigen Absolventen der Kadettenschule. Rilke erklärt ihm behutsam, dass er die Gedichte nicht beurteilen werde und könne und dass Kappus seine Texte nicht mit anderen vergleichen solle; zur Beantwortung der Frage „Bin ich ein Dichter?" gibt es nur „ein einziges Mittel.

Gehen Sie in sich. Erforschen Sie den Grund, der Sie schreiben heißt; prüfen Sie, ob er in der tiefsten Stelle Ihres Herzens seine Wurzeln ausstreckt, gestehen Sie sich ein, ob Sie sterben müßten, wenn es Ihnen versagt würde zu schreiben. Dieses vor allem: fragen Sie sich in der stillsten Stunde Ihrer Nacht: muß ich schreiben? Graben Sie in sich nach einer tiefen Antwort."

Das sind wunderbare Sätze – ähnlich heilsam kann es sein, an sich selbst einen Brief zu schreiben, dann und wann, behutsam und nach Worten ringend, oder wenigstens eine Postkarte ... Issa Grace hat diese Möglichkeit nicht gehabt, aber durch ihr Leben einen Brief geschrieben, der weiterhin gelesen wird und Menschen zu Antworten bewegt. Issa, das winzige Mädchen, blüht weiter, bringt Gedanken zum Blühen und Lebensinspirationen zur Frucht.

So mögen wir immer wieder zu uns selbst, liebevoll und mit wachem Blick, aufrichtig und ernsthaft, sagen können:

„dies Wort: / ‚Fürchte dich nicht' / es blüht / hinter uns her."

LITERATURVERZEICHNIS

Rachel ADAMS, Raising Henry. A Memoir of Motherhood, Disability & Discovery. New Haven, CT 2013

Martha BECK, Expecting Adam. London 2000

John BURNSIDE, Lügen über meinen Vater. München 2011

Bill CLEGG, Portrait of an Addict as a Young Man. A Memoir. London 2012

Bill CLEGG, Ninety Days. A Memoir of Recovery. London 2012

Alfred DELP, Gesammelte Schriften 4. Hg. von R. Bleistein. Frankfurt/Main ²1985

Papst FRANZISKUS, Über die Selbstanklage. Eine Meditation über das Gewissen. Freiburg/Br. 2013

Robert GOOLRICK, Das Ende der Welt, wie wir sie kennen. München 2013

Jay GRIFFITHS, Kith. The Riddle of Childscape. London 2013

Christine HAIDEN, Petra RAINER, Vielleicht bin ich ja ein Wunder. Gespräche mit Hundertjährigen. St. Pölten 2006

Thomas HARDING, Kadian Journal. A Father's Story. London 2014

Saskia JUNGNIKL, Papa hat sich erschossen. Frankfurt/Main 2014

Una KROLL, Bread Not Stones. The Autobiography of an Eventful Life. Winchester, UK 2014

Amanda LINDHOUT, A House in the Sky. London 2014

Yann MARTEL, Schiffbruch mit Tiger. Frankfurt/Main 2003

Thomas MERTON, The Seven Storey Mountain. Reprint London 2009 [dt.: Der Berg der sieben Stufen. Die Autobiografie eines engagierten Christen. Ostfildern ⁴2010]

Damiano MODENA, Carlo Maria Martini: Wenn das Wort verstummt. München 2014

Sally MORGAN, My Place. London 2012

Alice MUNROE, Liebes Leben. Frankfurt/Main 2013

Susan NEIMAN, Why Grow Up? London 2014

Daniel PENNAC, Der Körper meines Lebens. Köln 2014

Georges PEREC, Das Leben. Gebrauchsanweisung. Roman. Aus dem Französischen übersetzt von Eugen Helmlé. Frankfurt/Main 2002

Rainer Maria RILKE, Briefe an einen jungen Dichter. Frankfurt/Main 2000

Robert SKIDELSKY, Edward SKIDELSKY, Wie viel ist genug? Vom Wachstumswahn zu einer Ökonomie des guten Lebens. München 2013

Bronnie WARE, Fünf Dinge, die Sterbende am meisten bereuen. München 2013

Nicholas WOLTERSTORFF, Lament For A Son. Grand Rapids, MI 1987

Der Autor

DDDr. Clemens Sedmak, geb. 1971, ist Sozialwis-
senschaftler, Theologe und Philosoph. Er ist Professor für Sozialethik an der University of Notre
Dame (USA) und leitet das Zentrum für Ethik
und Armutsforschung in Salzburg. Der Vater
dreier Kinder ist Autor zahlreicher Bücher, die sich
mit den Fragen nach dem Sinn des Lebens be-
schäftigen; u. a. veröffentlichte er gemeinsam mit
dem em. Erzbischof von Salzburg Alois Kothgasser
„Geben und Vergeben", „Quellen des Glücks" und
„Jedem Abschied wohnt ein Zauber inne" sowie
das Buch „Kaum zu glauben. Annäherungen an
Grundworte christlichen Lebens" gemeinsam mit
dem amtierenden Erzbischof von Salzburg Franz
Lackner.

Von der Kunst des guten Lebens

**Alois Kothgasser /
Clemens Sedmak**
Quellen des Glücks
**Von der Kunst des guten
Lebens**

Topos Taschenbuch 846

135 Seiten, kartoniert
ISBN 978-3-8367-0846-3

Glück als das letzte Ziel, wofür der Mensch lebt und wonach er sich
sehnt, hat nur bedingt mit Dingen zu tun, die man kaufen kann.
Glück kann man nicht erzeugen oder erwerben. Es stellt sich ein.
Und diese Erfahrung hat vor allem mit der Kunst zu tun, in kleinen
Dingen Großes zu sehen.